ロミオとジュリエット

Romeo and Juliet

William Shakespeare

ウィリアム・シェイクスピア

はじめに

みなさんは英語で何ができるようになりたいですか。

　外国人と自由にコミュニケーションしたい
　インターネット上の英語のサイトや、ペーパーバック、英字新聞
　　を辞書なしで読めるようになりたい
　字幕なしで洋画を見たい
　受験や就職で有利になりたい
　海外で活躍したい……

　英語の基礎的な力、とりわけ読解力をつけるのに大切なのは、楽しみながら多読することです。数多くの英文に触れることによって、英語の発想や表現になじみ、英語の力が自然に身についてきます。

　そうは言っても、何から手をつけていいのかわからないということはないでしょうか。やさしそうだと思って、外国の絵本や子ども向けの洋書を買ってはみたものの、知らない単語や表現ばかりが出てきて、途中で読むのをあきらめた経験がある方もいらっしゃるのではありませんか。

　おすすめしたいのは、学習者向けにやさしく書かれた本から始めて、自分のレベルに合わせて、少しずつ難しいものに移っていく読み方です。

　本書《ステップラダー・シリーズ》は、使用する単語を限定した、やさしい英語で書かれている英文リーダーで、初心者レベルの方でも、無理なく最後まで読めるように工夫されています。

　みなさんが、楽しみながら英語の力をステップアップできるようになっています。

特長と使い方

●特長●

　ステップラダー・シリーズは、世界の古典や名作などを、使用する単語を限定して、やさしい表現に書き改めた、英語初級～初中級者向けの英文リーダーです。見開きごとのあらすじや、すべての単語の意味が載ったワードリストなど、初心者レベルでも負担なく、英文が読めるように構成されています。無料音声ダウンロード付きですので、文字と音声の両面で読書を楽しむことができます。

ステップ	使用語彙数	対象レベル	英検	CEFR
STEP 1	300語	中学1年生程度	5級	A1
STEP 2	600語	中学2年生程度	4級	A1
STEP 3	900語	中学3年生程度	3級	A2

●使い方●

- 本文以外のパートはすべてヘルプです。できるだけ本文に集中して読みましょう。

- 日本語の語順に訳して読むと速く読むことができません。文の頭から順番に、意味のかたまりごとに理解するようにしましょう。

- すべてを100パーセント理解しようとせず、ところどころ想像で補うようにして、ストーリーに集中する方が、楽に楽しく読めます。

- 黙読する、音読する、音声に合わせて読む、音声だけを聞くなど、いろいろな読み方をしてみましょう。

●無料音声ダウンロード●

　本書の朗読音声（MP3形式）を、下記URLとQRコードから無料でダウンロードすることができます。

www.ibcpub.co.jp/step_ladder/0688/

※PCや端末、ソフトウェアの操作・再生方法については、編集部ではお答えできません。製造元にお問い合わせいただくか、インターネットで検索するなどして解決してください。

●構成●

トラック番号
朗読音声の番号です。

語数表示
開いたページの単語数と、読んできた総単語数が確認できます。

2

Fighting in Verona 3

🎧 Fighting in Verona

This is a story of love and hate
in the town of Verona, Italy.

¹One day, two young men
from the Capulet family
walked into the town square.
Their names were Sampson and Gregory.
²Gregory said that he wanted
to start a fight with a Montague.

Just then, two young men
from the Montague family
walked into the town square.

"Listen," said Sampson.
"I have a good idea.
Let's not start a fight
with those Montagues.
Let's make them start a fight with us."

Gregory liked Sampson's idea.
Sampson made a face at the Montagues.

[95 (95) words]

◆ KEYWORDS
☐ **fighting** [fáitiŋ]
☐ **Verona** [vəróunə]
☐ **hate** [héit]
☐ **town** [táun]
☐ **Italy** [ítəli]
☐ *walk into*
☐ **square** [skwéər]
☐ **were** [wə́ːr] < be
☐ **said** [séd] < say
☐ **fight** [fáit]
☐ *have a good idea*
☐ **let's** [léts]
☐ **made** [méid] < make
☐ *make a face at*

◆ KEY SENTENCES (→ p.58)
¹ One day, • two young men • from the Capulet family • walked into the town square.
² Gregory said • that he wanted • to start a fight • with a Montague.

ある日、キャピュレット家の若者2人が町の広場に歩いてきた。彼らはサンプソンとグレゴリーと言った。グレゴリーはモンタギュー家と喧嘩を始めたいと言った。ちょうどそこにモンタギュー家の若者2人が歩いてきた。

あらすじ
本文のおおまかな内容がわかります。

キーワード
使用語彙以外で使われている初出の単語、熟語のリストです。発音記号の読み方は次ページの表を参考にしてください。

キーセンテンス
長い文や難しい表現の文を、意味単位に区切って紹介しています。表示のページに訳があります。

キーワードについて

1. 語尾が規則変化する単語は原形、不規則変化語は本文で出てきた形を見出しにしています。

   例 studies/studying/studied → study
   goes/going → go
   went → went
   gone → gone

2. 熟語に含まれる所有格の人称代名詞 (my, your, his/her, theirなど)は one's に、再帰代名詞(myself, yourselfなど)は oneself に置き換えています。

   例 do your best → do one's best
   enjoy myself → enjoy oneself

3. 熟語に含まれるbe動詞 (is, are, was, were)は原形のbeに置き換えています。

   例 was going to → be going to

発音記号表

●母音●

/ɑ/	hot, lot
/ɑː/	arm, art, car, hard, march, park, father
/æ/	ask, bag, cat, dance, hand, man, thank
/aɪ/	ice, nice, rice, time, white, buy, eye, fly
/aɪəʳ/	fire, tire
/aʊ/	brown, down, now, house, mouth, out
/aʊəʳ/	flower, shower, tower, hour
/e/	bed, egg, friend, head, help, letter, pet, red
/eɪ/	cake, make, face, game, name, day, play
/eəʳ/	care, chair, hair
/ɪ/	big, fish, give, listen, milk, pink, sing
/iː/	eat, read, speak, green, meet, week, people
/ɪəʳ/	dear, ear, near, year
/oʊ/	cold, go, home, note, old, coat, know
/ɔː/	all, ball, call, talk, walk
/ɔːʳ/	door, more, short
/ɔɪ/	boy, enjoy, toy
/ʊ/	book, cook, foot, good, look, put
/uː/	food, room, school, fruit, juice
/ʊəʳ/	pure, sure
/əːʳ/	bird, girl, third, learn, turn, work
/ʌ/	bus, club, jump, lunch, run, love, mother
/ə/	about, o'clock
/i/	easy, money, very

●子音●

/b/	bag, ball, bed, big, book, club, job
/d/	desk, dog, door, cold, food, friend
/f/	face, finger, fish, food, half, if, laugh
/g/	game, girl, go, good, big, dog, egg
/h/	hair, hand, happy, home, hot
/j/	yellow, yes, young
/k/	cake, cook, king, desk, look, milk, pink, talk
/l/	learn, leg, little, look, animal, girl, school
/m/	make, mother, movie, home, name, room, time
/n/	know, name, night, noon, pen, run, train
/p/	park, pencil, pet, pink, cap, help, jump, stop
/r/	read, red, rice, room, run, write
/s/	say, see, song, study, summer, bus, face, ice
/t/	talk, teacher, time, train, cat, foot, hat, night
/v/	very, video, visit, five, give, have, love, movie
/w/	walk, want, week, woman, work
/z/	zero, zoo, clothes, has, music, nose
/ʃ/	ship, short, English, fish, station
/ʒ/	measure, leisure, television
/ŋ/	king, long, sing, spring, English, drink, thank
/tʃ/	chair, cheap, catch, lunch, march, teacher, watch
/θ/	thank, think, thursday, birthday, month, mouth, tooth
/ð/	they, this, then, bathe, brother, father, mother
/dʒ/	Japan, jump, junior, bridge, change, enjoy, orange

『ロミオとジュリエット』について

　もとはイングランドの劇作家ウィリアム・シェイクスピアによって書かれた戯曲で、1595年ごろに初演されたと言われています。彼の戯曲は、既存の民間伝承や物語、詩などをベースに翻案したものが多く、この物語は対立する二つのグループと、それに翻弄され悲しい結末を迎える恋人たちという、時代や文化背景を超えたドラマとして、今なお広く親しまれています。

《主な登場人物》

Romeo [róʊmiòʊ]　ロミオ　モンタギュー卿の息子。

Juliet [dʒúːlièt]　ジュリエット　キャピュレット卿の娘。

◆モンタギュー家　Montague family

Lord Montague [lɔ́ːrd máːntəgjùː]　モンタギュー卿　モンタギュー家の家長。ロミオの父。

Lady Montague [léɪdi máːntəgjùː]　モンタギュー夫人　モンタギュー卿の妻。ロミオの母。

Benvolio [benvóʊliːəʊ]　ベンヴォーリオ　モンタギュー卿の甥。ロミオの友人。

◆キャピュレット家　Capulet family

Lord Capulet [lɔ́ːrd kǽpulɛt]　キャピュレット卿　キャピュレット家の家長。ジュリエットの父。

Lady Capulet [léɪdi kǽpulɛt]　キャピュレット夫人　キャピュレット卿の妻。ジュリエットの母。

Tybalt [tíbəlt]　ティボルト　キャピュレット夫人の甥。ジュリエットのいとこ。

Nurse [nə́ːrs]　乳母　ジュリエットの乳母。

Sampson [sǽmpsʌn]　サンプソン　キャピュレット家の召使。

Gregory [grégəri]　グレゴリー　キャピュレット家の召使。

◆その他

Prince Escalus [príns éskələs]　エスカラス王子　ヴェローナの領主。

Paris [pǽrɪs]　パリス　貴族の青年。エスカラス王子のいとこ。

Mercutio [mɜːkjúːʃiːəʊ]　マーキューシオ　ロミオの友人。

Father Laurence [fáːðəʳ lɔ́ːrəns]　ローレンス神父　ロミオとジュリエットの相談相手。

Father John [fáːðəʳ dʒáːn]　ジョン神父　教会の司祭。

Romeo and Juliet

ロミオとジュリエット

🎧 01 Fighting in Verona

This is a story of love and hate
in the town of Verona, Italy.

[1]One day, two young men
from the Capulet family
walked into the town square.
Their names were Sampson and Gregory.
[2]Gregory said that he wanted
to start a fight with a Montague.

Just then, two young men
from the Montague family
walked into the town square.

ある日、キャピュレット家の若者 2 人が町の広場に歩いてきた。彼らはモン
タギュー家と戦いたかった。そこにモンタギュー家の若者 2 人が歩いてきた。

"Listen," said Sampson.

"I have a good idea.

Let's not start a fight

with those Montagues.

Let's make them start a fight with us."

Gregory liked Sampson's idea.

Sampson made a face at the Montagues.

(95 [95] words)

◆ **KEYWORDS**

☐ **fighting** [fáɪtɪŋ]
☐ **Verona** [vəróʊnə]
☐ **hate** [héɪt]
☐ **town** [táʊn]
☐ **Italy** [ítəli]
☐ *walk into*
☐ **square** [skwéəʳ]

☐ **were** [wɔ́ːʳ] < be
☐ **said** [séd] < say
☐ **fight** [fáɪt]
☐ *have a good idea*
☐ **let's** [léts]
☐ **made** [méɪd] < make
☐ *make a face at*

◆ **KEY SENTENCES** (☞ p. 68)

[1] One day, • two young men • from the Capulet family • walked into the town square.

[2] Gregory said • that he wanted • to start a fight • with a Montague.

[3]The two Montagues pulled out their swords
and started to fight with the Capulets.

Then, Benvolio walked into the town
square.
[4]Benvolio was a Montague,
but he did not want his friends to fight.
Benvolio pulled out his sword
to stop the fight.

Then, Tybalt entered the town square.
Tybalt was a Capulet.

"What are you doing?"
Tybalt asked Benvolio.

"I'm trying to stop the fight,"
Benvolio said.

若者同士が戦い始めた広場に、ベンヴォーリオがやってきた。彼が争いを止
めようと剣を抜くと、ティボルトが現れ「何をしているのか」と尋ねた。

"With your sword? I do not believe you!"
Tybalt pulled out his sword
and started to fight with Benvolio.

(87 [182] words)

◆ **KEYWORDS**

☐ **pull** [púl]

☐ *pull out*

☐ **sword** [sɔ́ːʳd]

☐ **was** [wəz] < be

☐ **enter** [éntəʳ]

☐ **try** [tráɪ]

☐ *try to*

☐ **believe** [bɪlíːv]

◆ **KEY SENTENCES** (☞ p. 68)

[3] The two Montagues • pulled out their swords • and started to fight • with the Capulets.

[4] Benvolio was a Montague, • but he did not want his friends • to fight.

The fight made a lot of noise
and attracted the townspeople.

[5]The noise attracted Lord and Lady Capulet
as well as Lord and Lady Montague.

After Lord Capulet and Lord Montague
entered the fight,
Prince Escalus arrived.
He was the Prince of Verona.

"Enough fighting!" he said.
"I will kill any Capulets or Montagues
that fight in my streets!"

The Montagues, Capulets, and
townspeople
all put away their swords.

(69 [251] words)

騒動は町の人々や、キャピュレット卿夫妻とモンタギュー卿夫妻も引きつけた。この町の王子エスカラスが現れると「戦いはもう十分だ」と言った。

◆ KEYWORDS

☐ **noise** [nɔ́ɪz]
☐ *make noise*
☐ **attract** [ətrǽkt]
☐ **townspeople** [táʊnzpìːpəl]
☐ **as** [əz]
☐ *A as well as B*

☐ **arrive** [əráɪv]
☐ **enough** [inʌ́f]
☐ **will** [wíl]
☐ **kill** [kíl]
☐ **away** [əwéɪ]
☐ *put away*

◆ KEY SENTENCES (☞ p. 68)

5 The noise attracted • Lord and Lady Capulet • as well as •
Lord and Lady Montague.

[6]Everyone but Benvolio
and Lord and Lady Montague
left the town square.

"Where is Romeo?" asked Lady Montague.

"He was not in this fight,"
answered Benvolio.
"[7]I saw him near the edge of town
early this morning."

"Lately, Romeo looks sad,"
said Lord Montague.
"But we do not know the reason.
He will not tell us."

Then, Romeo walked into the town square.

人々は立ち去り、ベンヴォーリオとモンタギュー卿夫妻だけが広場に残った。
最近ロミオが悲しそうな様子だと話していると、彼が広場に歩いてきた。

"I will find out," said Benvolio.
"Please leave so I can talk to him."

Lord and Lady Montague left.

(82 [333] words)

◆ **KEYWORDS**
☐ **left** [léft] < leave
☐ **edge** [édʒ]
☐ **early** [ə́ːˈli]
☐ **sad** [sǽd]
☐ **reason** [ríːzən]
☐ **tell** [tél]
☐ *find out*

◆ **KEY SENTENCES** (☞ p. 68)
[6] Everyone • but Benvolio and Lord and Lady Montague • left the town square.

[7] I saw him • near the edge of town • early this morning.

"Good morning, Romeo! Are you well?"
Benvolio asked.

"I am not," Romeo answered.
"I love a beautiful woman,
but she does not want a man.
I feel like I could die."

"There are beautiful women everywhere,
Romeo," said Benvolio.
"Don't worry.
I promise I will help you forget her,
or I will die trying."

Meanwhile, Lord Capulet talked with Paris.
Paris was a cousin of the Prince,
and he wanted to marry
Lord Capulet's daughter Juliet.
[8]But Lord Capulet said it was too soon

ロミオが片想いに苦しんでいるのを知ったベンヴォーリオは、口づてに知っ
たキャピュレット家でのパーティーへ一緒に行こうとロミオを説得した。

because Juliet was just fourteen years old.

"There will be a dinner party this evening,
and everyone will wear a mask.
Come to the party.
Get to know Juliet first."

Through word of mouth,
Benvolio heard about the party.
He convinced Romeo to go with him.

(130 [463] words)

◆ **KEYWORDS**

☐ **feel** [fíːl]
☐ *feel like*
☐ **could** [kúd] < can
☐ **die** [dáɪ]
☐ **everywhere** [évrihwɛ̀əʳ]
☐ **worry** [wə́ːri]
☐ **promise** [prάːməs]
☐ **forget** [fəʳgét]
☐ *or die trying*
☐ **meanwhile** [míːnwàɪl]

☐ **marry** [méri]
☐ **party** [pάːʳti]
☐ **wear** [wéəʳ]
☐ **mask** [mǽsk]
☐ *get to know*
☐ **through** [θrúː]
☐ *through word of mouth*
☐ **word** [wə́ːʳd]
☐ **heard** [hə́ːʳd] < hear
☐ **convince** [kənvíns]

◆ **KEY SENTENCES** (☞ p. 68)

⁸ But Lord Capulet said • it was too soon • because Juliet
 was just fourteen years old.

The Dinner Party

Before the party, Benvolio, Romeo,
and their friends all put on masks.
They entered Lord Capulet's house
and walked into the great hall.

Across the hall, Romeo saw Juliet dancing.
[9]He thought she was
the most beautiful girl in the world
and soon walked toward her.

Tybalt saw Romeo
and pulled out his sword,
but Lord Capulet stopped him.

(59 [522] words)

仮面をつけてキャピュレット家の大広間に入ると、ロミオは踊るジュリエットを見た。彼は彼女が世界で最も美しいと思い、彼女の元へ歩いていった。

◆ **KEYWORDS**

☐ **hall** [hɔ́ːl]

☐ **across** [əkrɔ́ːs]

☐ **thought** [θɔ́ːt] < think

☐ **most** [móust]

☐ **world** [wə́ːʳld]

☐ **toward** [tɔ́ːʳd]

◆ **KEY SENTENCES** (☞ p. 68)

[9] He thought • she was the most beautiful girl • in the world • and soon • walked toward her.

"I heard he is a good man,
so do not fight him," Lord Capulet said.

"Dear lady, please give me just one kiss,"
Romeo said to Juliet.
¹⁰Juliet allowed him to give her
a soft kiss on the lips.

Then, Juliet's nurse called for Juliet.
"Your mother wants to speak with you,"
she said.

As they walked away,
Juliet asked her nurse about Romeo.

"His name is Romeo,
and he is a Montague," she said.

ジュリエットはロミオのキスを受け入れた。乳母に呼ばれた彼女は、ロミオ
が敵対するモンタギュー家の息子だと聞かされ、ショックを受けた。

"He is the only son
of your father's great enemy."

"Oh, no!" Juliet cried.
"My only love comes from my only hate!"

(97 [619] words)

◆ **KEYWORDS**

☐ **kiss** [kís]

☐ **allow** [əláʊ]

☐ **soft** [sɔ́ft]

☐ **lip** [líp]

☐ **nurse** [nə́ːʳs]

☐ **only** [óʊnli]

☐ **enemy** [énəmi]

☐ **cried** [kráɪd] < cry

◆ **KEY SENTENCES** (☞ p. 68)

[10] Juliet allowed him • to give her • a soft kiss • on the lips.

03 At Juliet's Window

[11]After the party,
  Romeo could not stop thinking about Juliet.
  He returned to Lord Capulet's house
  and jumped over the fence.
  He saw Juliet open her window.

  Juliet thought she was alone and said,
  "Oh, Romeo, Romeo!
  Why must you be a Montague?
  Throw away your name
  so that you may have me."

ジュリエットが頭から離れないロミオがキャピュレット家に戻ってみると、
彼女は部屋の窓辺でロミオがモンタギュー家であることを嘆いていた。

Romeo answered,
"I will do as you say!
¹²Just say you love me,
and I will throw away my name!"

Juliet was surprised and afraid.

(78 [697] words)

◆ **KEYWORDS**

☐ **return** [rɪtə́ːʰn]
☐ **fence** [féns]
☐ **alone** [əlóʊn]
☐ **why** [hwái]
☐ **must** [mʌ́st]
☐ **throw** [θróʊ]

☐ *throw away*
☐ *so that ...*
☐ *do as someone says*
☐ **surprise** [səʰpráɪz]
☐ **afraid** [əfréɪd]

◆ **KEY SENTENCES** (☞ p. 68–69)

¹¹ After the party, • Romeo could not stop • thinking about Juliet.

¹² Just say • you love me, • and I will throw away • my name!

"Now you know I love you.
But do you really love me?
If you want to marry me,
meet my nurse tomorrow.
[13]Tell her where and when
we will have our wedding.
Then, I will be yours forever,"
Juliet said.

Her nurse called from inside.
"I'm coming!" said Juliet.

Then, to Romeo, she said,
"What time will you meet my nurse?"
"At nine o'clock,"
he answered before saying good night.

(70 [767] words)

外から現れたロミオに、ジュリエットは「本当に私を愛して結婚を望むなら、
乳母にどこでいつ結婚式を挙げるのか伝えてほしい」と言った。

◆**KEYWORDS**

☐ **if** [íf]

☐ **wedding** [wédɪŋ]

☐ **forever** [fərévəʳ]

☐ **inside** [insáid]

☐ *I'm coming.*

◆**KEY SENTENCES** (☞ p. 69)

¹³Tell her • where and when • we will have our wedding.

🎧 04 The Wedding

Early the next morning,
he went to speak with Father Laurence,
his priest.
Father Laurence agreed to help Romeo.

[14]The priest thought
their wedding could end the fight
between the Montagues and the Capulets.

Father Laurence agreed
to marry them that day.

Romeo then found his friends
Benvolio and Mercutio.

翌朝、ロミオから事情を聞いたローレンス神父はロミオを助けることにした。
ロミオとジュリエットが結婚すれば、両家の戦いが終わると考えたのだ。

¹⁵They were walking through town
and were glad to see Romeo so happy.

Then, Juliet's nurse found them
and asked to speak to Romeo alone.

(75 [842] words)

◆ **KEYWORDS**

☐ **priest** [príːst]
☐ **agree** [əgríː]
☐ **end** [énd]
☐ **between** [bitwíːn]

☐ *between A and B*
☐ **found** [fáʊnd] < find
☐ **glad** [glǽd]

◆ **KEY SENTENCES** (☞ p. 69)

¹⁴The priest thought • their wedding could end the fight • between the Montagues and the Capulets.

¹⁵They were walking through town • and were glad to see Romeo • so happy.

[16]Romeo told the nurse
that Juliet should come
to Father Laurence's room at the church
in the afternoon for their wedding.

[17]He also asked her
to hang some rope from Juliet's window
so he could visit that night.

The nurse returned
to Lord Capulet's house and told Juliet.

When Juliet heard the message,
she left for the church immediately.

When Juliet and Romeo met at the church,
their hearts were bursting with love.
Father Laurence married them quickly.

(78 [920] words)

ロミオは乳母に、ジュリエットが結婚のために教会へ来るよう伝言を託した。
伝言を聞いたジュリエットは教会へ急ぎ、神父はすぐに二人を結婚させた。

◆ KEYWORDS

☐ **told** [tóʊld] < tell
☐ **should** [ʃʊd]
☐ **church** [tʃə́ːʳtʃ]
☐ **also** [ɔ́ːlsoʊ]
☐ **hang** [hǽŋ]
☐ **rope** [róʊp]
☐ **message** [mésidʒ]

☐ **immediately** [ìmíːdìːətli]
☐ **met** [mét] < meet
☐ **heart** [háːʳt]
☐ **burst** [bə́ːʳst]
☐ *burst with*
☐ **married** [mérid] < marry
☐ **quickly** [kwíkli]

◆ KEY SENTENCES (☞ p. 69)

[16] Romeo told the nurse • that Juliet should come • to Father Laurence's room • at the church • in the afternoon • for their wedding.

[17] He also asked her • to hang some rope • from Juliet's window • so he could visit that night.

🎧 |05| A Grave Fight

Meanwhile, some Montagues and Capulets
were fighting in the town square.

Tybalt wanted to find Romeo
so he could kill him.

Just then,
Romeo entered the town square.
[18]Because Romeo was now
a part of Tybalt's family,
Romeo did not want to fight
with the Capulets.

モンタギュー家とキャピュレット家の数人が広場で戦っていた。ティボルト
がロミオを殺そうと探していたとき、ロミオが広場にやってきた。

But Tybalt could not forgive Romeo,
so he pulled out his sword.

Mercutio tried to protect Romeo,
but he got stabbed.

Tybalt and the Capulets
quickly left the town square.

(76 [996] words)

◆ **KEYWORDS**

☐ **grave** [gréɪv]
☐ *just then*
☐ **part** [pá:ʳt]
☐ **forgive** [fəʳgív]

☐ **tried** [tráɪd] < try
☐ **protect** [prətékt]
☐ **stabbed** [stǽbd] < stab

◆ **KEY SENTENCES** (☞ p. 69)

[18]Because • Romeo was now • a part of Tybalt's family, •
Romeo did not want • to fight with the Capulets.

Benvolio took Mercutio
to a house close by.
But Benvolio soon came back
and told Romeo that Mercutio died.

Just then,
Tybalt returned to the town square.
Romeo pulled out his sword.

His anger made him strong,
and he stabbed Tybalt in the stomach.
Tybalt died immediately.

Romeo looked down at Tybalt's body.
"Oh, no! What did I do?"
he cried and ran out of the town square.

ティボルトに刺されたマーキューシオを近くの家に連れて行ったベンヴォー
リオは、彼が死んだとロミオに伝えた。そこにティボルトが戻ってきた。

Soon the Prince arrived.

[19]When he heard what happened, he said that Romeo had to leave Verona forever.

[20]"If Romeo ever comes to this town again, he will be killed," the Prince said.

(101 [1,097] words)

◆**KEYWORDS**

☐ **took** [túk] < take

☐ *close by*

☐ **anger** [ǽŋgəʳ]

☐ **strong** [strɔ́ːŋ]

☐ **stomach** [stʌ́mək]

☐ **ran** [rǽn] < run

☐ **happen** [hǽpən]

☐ **ever** [évəʳ]

☐ *If someone ever do*

☐ **again** [əgén]

☐ **kill** [kíl]

◆**KEY SENTENCES** (☞ p. 69)

[19]When he heard what happened, • he said • that Romeo had to leave Verona • forever.

[20]"If Romeo ever comes • to this town • again, • he will be killed," • the Prince said.

Romeo's Last Night

That night,
Juliet was waiting for Romeo
when her nurse came.
She told Juliet that Tybalt was dead
and Romeo was exiled.

[21]Juliet was angry
that Romeo killed her cousin,
but she was also devastated
that she could not see Romeo.
"I am so sad that I could die!"
she said.

ロミオを待っていたジュリエットに、乳母がティボルトの死とロミオの追放
を伝えた。ジュリエットは「悲しすぎて死んでしまいそう」と言った。

But the nurse said,

"Juliet,

Romeo is hiding with Father Laurence.

Wait for Romeo in your room.

I will tell him to see you one last time."

Juliet thanked her nurse.

[22] "Take this ring to him

as a sign of my love," she said.

(95 [1,192] words)

◆ **KEYWORDS**

☐ **wait** [wéɪt]
☐ **dead** [déd]
☐ **exile** [égzàɪl]
☐ **angry** [ǽŋgri]
☐ **devastate** [dévəstèɪt]
☐ *so ~ that ...*

☐ **hiding** [háɪdɪŋ] < hide
☐ *one last time*
☐ **ring** [ríŋ]
☐ **sign** [sáɪn]
☐ *as a sign of*

◆ **KEY SENTENCES** (☞ p. 69–70)

[21] Juliet was angry • that Romeo killed her cousin, • but she was also devastated • that she could not see Romeo.

[22] "Take this ring to him • as a sign of my love," • she said.

²³At the church,
Father Laurence told Romeo
that the Prince demanded his exile.

"That is worse than death!" Romeo cried.
"In exile, I will be sad and alone!"

Just then,
there was a sound at the door.
It was the nurse with Juliet's ring.

Father Laurence said,
"Romeo, go to Juliet
and spend your last night with her.
Then, before morning,
go to the town of Mantua.

教会では、ローレンス神父がロミオに王子の追放命令を伝えていた。ロミオ
が「それは死よりもむごい」と泣いていると、ドアに乳母が現れた。

We will ask the Prince to excuse you.
[24]With time, the Prince will forgive you
and you can come back to Verona."

Romeo agreed to follow the priest's advice.

(96 [1,288] words)

◆ **KEYWORDS**

☐ **demand** [dɪmǽnd]

☐ **worse** [wə́ːʳs] < bad

☐ **than** [ðən]

☐ **death** [déθ]

☐ *worse than death*

☐ **sound** [sáʊnd]

☐ **spend** [spénd]

☐ **Mantua** [mǽntʃuːə]

☐ *with time*

☐ **follow** [fɑ́ːloʊ]

☐ **advice** [ədváis]

◆ **KEY SENTENCES** (☞ p. 70)

[23]At the church, • Father Laurence told Romeo • that the Prince demanded his exile.

[24]With time, • the Prince will forgive you • and you can come back to Verona.

That night,
Lord and Lady Capulet talked to Paris.
[25]They decided to let him marry Juliet
and to hold the wedding on Thursday.

[26]As they said goodbye,
Romeo also said goodbye to Juliet
in another part of the house.
Juliet kissed him,
and he climbed down the rope to the
garden.

The sun started to come up.
Juliet cried as she watched Romeo go.

(64 [1,352] words)

キャピュレット卿夫妻はパリスに、ジュリエットと木曜日に結婚させると伝
えた。別の部屋では、ロミオがジュリエットに別れを告げていた。

◆ **KEYWORDS**

☐ **decide** [dìsáɪd]   ☐ **kiss** [kís]
☐ **let** [lét]   ☐ **garden** [gáːʳdən]
☐ **another** [ənʌ́ðəʳ]

◆ **KEY SENTENCES** (☞ p. 70)

²⁵ They decided • to let him marry Juliet • and to hold the wedding • on Thursday.

²⁶ As they said goodbye, • Romeo also said goodbye to Juliet • in another part of the house.

🎧 07 Juliet Says No

Then,
she heard her mother's voice in her room.

Her mother thought
she was crying over Tybalt's death.

She tried to make her daughter feel better.
[27]She thought Juliet would be happy
to learn about her marriage to Paris.

Instead, Juliet was surprised and upset.
"I don't even know Paris!
I would rather marry Romeo,
even though he killed my cousin."

泣いているジュリエットの元に母親がやってきた。母親はパリスとの結婚を
知らせて元気づけようと思ったが、ジュリエットはとても驚き動揺した。

Lady Capulet was shocked.

Then Lord Capulet entered Juliet's room.
[28]He saw her tears,
and, at first,
he spoke softly to make her feel better.
But when she again refused to marry Paris,
he was very, very angry.

(99 [1,451] words)

◆**KEYWORDS**

☐ **voice** [vɔ́ɪs]
☐ **cry** [kráɪ]
☐ **better** [bétəʳ] < good, well
☐ **would** [wúd] < will
☐ **marriage** [mérɪdʒ]
☐ **instead** [ìnstéd]
☐ **upset** [ʌpsét]
☐ **even** [í:vɪn]
☐ **rather** [rǽðəʳ]

☐ *would rather*
☐ **though** [ðóʊ]
☐ *even though*
☐ **shock** [ʃá:k]
☐ **tear** [tíəʳ]
☐ **spoke** [spóʊk] < speak
☐ **softly** [sɔ́ftli]
☐ *make someone feel better*
☐ **refuse** [rifjú:z]

◆**KEY SENTENCES** (☞ p. 70)

[27]She thought • Juliet would be happy to learn • about her marriage to Paris.

[28]He saw her tears, • and, • at first, • he spoke softly • to make her feel better.

Lord and Lady Capulet left the room,
so Juliet asked her nurse for advice.
"Oh, nurse! What should I do?"

"I think you should marry Paris,"
said the nurse.
"He is a good man. Forget Romeo."

Juliet could not believe her ears.

Juliet was shocked,
but she did not show it.
She decided
that she could only trust herself,
so she lied to her nurse.

"You are wise," said Juliet.

両親が部屋を去ると、ジュリエットは乳母に助言を求めた。「パリスと結婚
して、ロミオのことは忘れるべきね」と言われ、彼女は自分の耳を疑った。

"I will go to Father Laurence, then.
[29]With him,
I will pray to God to forgive me
for making my father angry.
Then, I will prepare for my wedding day.
Will you please tell my father and mother?"

"That's a good girl!" said the nurse.
"I will tell them."

The nurse left,
and Juliet quickly headed for the church.

(129 [1,580] words)

◆ **KEYWORDS**

☐ *ask someone for advice*
☐ **show** [ʃóʊ]
☐ **trust** [trʌ́st]
☐ **herself** [hərsélf]
☐ **lie** [láɪ]
☐ **wise** [wáɪz]
☐ **pray** [préɪ]
☐ **God** [gɑ́ːd]
☐ **prepare** [pripéər]

◆ **KEY SENTENCES** (☞ p. 70)

[29]With him, • I will pray to God • to forgive me • for making my father angry.

Father Laurence's Plan

[30]Meanwhile,
Paris himself was already at the church
talking to Father Laurence.

[31]Paris told Father Laurence
about his wedding on Thursday,
and Father Laurence was very surprised
at this news.

Just then,
Juliet arrived at the door.
"Hello, my wife!" Paris said.

教会でパリスからジュリエットとの結婚を知らされたローレンス神父はとても驚いた。そこに現れた彼女から、一緒にお祈りしてほしいと言われた。

Juliet looked at him coldly.

"I am not your wife yet," she said.

Then,

she turned to Father Laurence and said,

"Are you busy now, Father?

If not, I would like to pray with you."

"Let us pray, then," said the priest,

and Paris left.

(87 [1,667] words)

◆ KEYWORDS

☐ **plan** [plǽn]　　　　　　☐ **wife** [wáɪf]

☐ **himself** [hɪmsélf]　　　☐ **yet** [jét]

☐ **already** [ɔːlrédi]　　　☐ **turn** [tə́ːʳn]

☐ **news** [njúːz]　　　　　☐ **busy** [bízi]

◆ KEY SENTENCES (☞ p. 70)

[30] Meanwhile, • Paris himself was already at the church • talking to Father Laurence.

[31] Paris told Father Laurence • about his wedding on Thursday, • and Father Laurence was very surprised • at this news.

"Father, what should I do?
[32]Please tell me you can help me,
   or I will sink this deep into my heart!"
   said Juliet
   as she pulled a knife out from her dress.

"I have a wild idea," said the priest.

"First, go home and tell your family
   that you will marry Paris.
   But the night before your wedding,
   drink this medicine.
   It will stop your heart and breath.

The next morning,
   your family will find you in your bed.
   You will look dead.
   You will be laid in the Capulet family tomb.
   But in forty-two hours, you will wake up.

ジュリエットはローレンス神父に助けを求めた。神父は「考えがある」と言
って、彼女にロミオと自由に生きるための計画を伝えて仮死薬を渡した。

There, you will find Romeo.

I will write to him
to find you in the tomb
and take you to Mantua.
There, you can be free to live together."

Juliet took the medicine
and thanked Father Laurence.

(137 [1,804] words)

◆ **KEYWORDS**

□ **sink** [síŋk]

□ **deep** [díːp]

□ **knife** [náɪf]

□ **dress** [drés]

□ **wild** [wáɪld]

□ *a wild idea*

□ **medicine** [médəsən]

□ **breath** [bréθ]

□ **laid** [léɪd] < lay

□ **tomb** [túːm]

□ **hour** [áʊəʳ]

□ **wake** [wéɪk]

□ **free** [fríː]

□ *be free to*

□ **together** [təɡéðəʳ]

◆ **KEY SENTENCES** (☞ p.71)

[32] Please tell me • you can help me, • or I will sink this • deep into my heart!" • said Juliet • as she pulled a knife out • from her dress.

Juliet Takes Action

At the Capulet house,
Juliet found Lord Capulet
and apologized to him.

She also told him
that she was ready for the wedding.
[33]Lord Capulet was so pleased
that he decided to hold the wedding
the very next day.

Juliet then found her nurse
and asked her to help pick out a dress.

ジュリエットから結婚の承諾を聞いてキャピュレット卿は、翌日の挙式を決めた。ドレスに着替えた彼女は、部屋で一人薬を飲むとベッドに倒れた。

The two went up to Juliet's room.

Once they chose a dress,

Juliet asked the nurse to leave the room.

[34]Although she was afraid,

she told herself to be strong for Romeo.

She took out Father Laurence's medicine
and drank it.

Then, she fell onto her bed.

(100 [1,904] words)

◆ **KEYWORDS**

☐ **action** [ǽkʃən]　　　　☐ **chose** [tʃóʊz] < choose

☐ *take action*　　　　　☐ **although** [ɔːlðóʊ]

☐ **apologize** [əpɑlədʒàɪz]　☐ *tell oneself to*

☐ *be ready for*　　　　☐ **drank** [drǽŋk] < drink

☐ **pick** [pík]　　　　　☐ **fell** [fél] < fall

☐ *pick out*　　　　　☐ **onto** [ántə]

☐ **once** [wʌ́ns]　　　　☐ *fall onto*

◆ **KEY SENTENCES** (☞ p. 71)

[33]Lord Capulet was so pleased • that he decided to hold the wedding • the very next day.

[34]Although she was afraid, • she told herself • to be strong for Romeo.

The next morning,
the nurse found Juliet lying on the bed.

"You bad child!
Why are you still sleeping?
This is your big day!"
said the nurse.

³⁵When Juliet didn't move,
her nurse looked closely
and saw that Juliet was not breathing.

"Help! Someone, help!" cried the nurse.

³⁶Lord and Lady Capulet
quickly came into the room
and saw that their daughter was dead.

翌朝、ベッドで息をしていないジュリエットを乳母が見つけた。キャピュレット卿夫妻は泣き叫び、それを聞いたパリスが部屋に入ってきた。

"Oh, my dear child!" cried Lord Capulet.
"My happiness is now dead
along with my child!"

Paris heard the cries and came to the room.
"I waited so long for this day!
Juliet is gone?
I cannot believe it!"

(103 [2,007] words)

◆ **KEYWORDS**

☐ **lying** [láɪŋ] < lie
☐ **bad** [bæd]
☐ **child** [tʃáɪld]
☐ **still** [stíl]
☐ **sleep** [slíːp]

☐ **breath** [bréθ]
☐ **along** [əlɔ́ːŋ]
☐ *along with*
☐ **cries** [kráɪz] < cry
☐ **gone** [ɡɔ́ːn] < go

◆ **KEY SENTENCES** (☞ p. 71)

[35]When Juliet didn't move, • her nurse looked closely • and saw • that Juliet was not breathing.

[36]Lord and Lady Capulet • quickly came into the room • and saw • that their daughter was dead.

Father Laurence entered the room.

"Juliet is now in heaven," he said.
"We must take her body
to the Capulet tomb.
There she will rest in peace forever."

The room was filled with the sound
of crying.

[37]"You are already dressed
in your best clothes
because of the wedding,"
Father Laurence said.
"Let us bring her there now."

(58 [2,065] words)

部屋にきたローレンス神父は「ジュリエットをキャピュレット家の墓に運ば
なければなりません」と言った。部屋には泣き声が響きわたっていた。

◆ **KEYWORDS**

☐ **heaven** [hévən]
☐ *in heaven*
☐ **rest** [rést]
☐ **peace** [píːs]
☐ *rest in peace*

☐ **fill** [fíl]
☐ *be filled with*
☐ **dress** [drés]
☐ **best** [bést]
☐ **bring** [bríŋ]

◆ **KEY SENTENCES** (☞ p. 71)

[37] "You are already dressed • in your best clothes • because of the wedding," • Father Laurence said.

🎧 Mistakes

³⁸At that time,
Romeo was in Mantua feeling good
as he walked the streets of Mantua.

But then,
his servant from Verona found him.
He looked very grave.

"Romeo, Juliet was found dead
in her bed this morning."

Romeo could not believe it.
³⁹He told his servant to get him a horse
while he visited a medicine maker's shop.

マンチュアの町を歩いていたロミオは、召使からジュリエットの死を知らされた。彼は召使に馬を用意するよう伝えると、その間に薬屋を訪ねた。

Romeo went into the shop and said,
"I need poison strong enough to kill a man."

"I have that kind of poison,
but I cannot give it to you,"
said the medicine maker.
"It is against the law in Mantua."

(101 [2,166] words)

◆ **KEYWORDS**

☐ **mistake** [mɪstéɪk]

☐ **feel** [fíːl]

☐ **servant** [sə́ːʳvənt]

☐ **grave** [gréɪv]

☐ **horse** [hɔ́ːʳs]

☐ **while** [hwáil]

☐ **maker** [méɪkəʳ]

☐ **shop** [ʃɑ́ːp]

☐ **need** [níːd]

☐ **poison** [pɔ́ɪzən]

☐ *enough to do*

☐ **against** [əgénst]

☐ **law** [lɔ́ː]

◆ **KEY SENTENCES** (☞ p. 71)

[38] At that time, • Romeo was in Mantua • feeling good • as he walked • the streets of Mantua.

[39] He told his servant • to get him a horse • while he visited • a medicine maker's shop.

"Well, I see that you are very poor,"
said Romeo.
"Here is a lot of gold.
Now may I have the poison?"

The medicine maker looked at the gold
and decided to take it.
Romeo thanked the medicine maker
and left the shop.

While Romeo headed toward Verona,
Father Laurence met with Father John,
another priest.

"You are already back from Mantua?"
asked Father Laurence.
"What did Romeo say?"

ロミオは大量の金と交換に薬屋から毒を受け取った。ローレンス神父がジョ
ン神父にロミオの様子を尋ねると、彼は「ロミオに会えていない」と答えた。

[40]"I'm sorry," said Father John,

"but I could not enter Mantua

because illness is spreading in the city.

I could not see Romeo."

"This is terrible!" said Father Laurence.

(98 [2,264] words)

◆ **KEYWORDS**

☐ **poor** [púːʳ]   ☐ **spread** [spréd]

☐ **gold** [góʊld]   ☐ **city** [síti]

☐ **enter** [éntəʳ]   ☐ **terrible** [térəbəl]

☐ **illness** [ílnəs]

◆ **KEY SENTENCES** (☞ p. 71)

[40]"I'm sorry," • said Father John, • "but I could not enter
Mantua • because illness is spreading • in the city.

[41]"Now I must go to Juliet
instead of Romeo
and get her out of that tomb,"
said Father Laurence.

"She will wake in three hours!
[42]I must write again to Romeo
and tell him that I will keep Juliet
hidden and safe in my room."

(45 [2,309] words)

ローレンス神父は、ロミオの代わりにジュリエットを墓から出さなければ、
と言った。ロミオにもう一度手紙を書いて彼女の居所を伝えなければ、と。

◆ **KEYWORDS**

☐ *instead of*

☐ **keep** [kíːp]

☐ **hidden** [hídən] < hide

☐ **safe** [séɪf]

◆ **KEY SENTENCES** (☞ p. 71–72)

[41] "Now • I must go to Juliet • instead of Romeo • and get her out of that tomb," • said Father Laurence.

[42] I must write again to Romeo • and tell him • that I will keep Juliet hidden and safe • in my room.

Death and Forgiveness

Late at night,
Paris visited Juliet's tomb
with some flowers.
When he put some flowers
around Juliet's body,
he heard a noise.
[43]He hid and then saw Romeo
entering the tomb.

Paris jumped out and said,
"You killed Tybalt and Juliet!
Now you must die!"

夜遅く、パリスが花を持ってジュリエットの墓を訪れた。物音を聞いた彼が
隠れると、ロミオが墓に入ってくるのが見えた。パリスは飛び出した。

Paris pulled out his sword.

"Yes, I must," said Romeo.
"But leave me alone.
Go from here in peace."

"No!" said Paris.
"Well then, I have no choice!"
said Romeo and pulled out his sword.

They fought, and Romeo cut Paris deeply.

(87 [2,396] words)

◆ **KEYWORDS**
☐ **forgiveness** [fəˈgívnəs]   ☐ **choice** [tʃɔ́ɪs]
☐ **hid** [híd] < hide   ☐ *have no choice*
☐ *leave ~ alone*   ☐ **fought** [fɔ́ːt] < fight
☐ *in peace*   ☐ **cut** [kʌ́t]
☐ *well then*   ☐ **deeply** [díːpli]

◆ **KEY SENTENCES** (☞ p. 72)
[43] He hid • and then • saw Romeo entering the tomb.

[44]"Please be kind to me
and lay me next to Juliet,"
Paris said before he died.

Romeo looked closely
at the dead man's face
and realized it was Paris.

"Ah, you loved Juliet too," he said.
"You were a fine man.
I will grant your wish."

Then he looked at Juliet's face.
"My love! My wife!
Death has no power over your beauty.
You are still the most beautiful woman
in the world," he said.

(75 [2,471] words)

パリスは死ぬ前に「どうか僕をジュリエットの隣に寝かせてほしい」と言っ
た。ロミオは、「ああ、君もジュリエットを愛していたのだな」と言った。

◆ KEYWORDS

- ☐ *Please be kind to me...*
- ☐ **lay** [léɪ]
- ☐ **realize** [ríːəlàɪz]
- ☐ **grant** [grǽnt]
- ☐ **wish** [wíʃ]
- ☐ *grant someone's wish*
- ☐ **power** [páʊəʳ]
- ☐ **beauty** [bjúːti]

◆ KEY SENTENCES (☞ p. 72)

[44]"Please be kind to me • and lay me next to Juliet," • Paris said • before he died.

Then he noticed Tybalt's body
in the Capulet tomb.

"Tybalt," Romeo said,
"Today, you have your revenge.
⁴⁵I will kill the man who killed you—me!
I hope you find peace, cousin."

Romeo took out his poison and drank it.

Moments later,
Father Laurence entered the tomb.

He saw Juliet,
and next to her lay Romeo and Paris.

"Oh, no!" cried Father Laurence.

ロミオはキャピュレット家の墓に眠るティボルトに気づいた。そして、毒を
取り出して飲んだ。しばらくして、ローレンス神父が墓の中に入ってきた。

Juliet awoke when she heard the priest.
"Dear father, where is Romeo?"

"Romeo is dead,"
said Father Laurence.
"Come, we must leave!
I hear people coming."

[46]Juliet turned and saw
Romeo lying next to her.

(98 [2,569] words)

◆ **KEYWORDS**

☐ **notice** [nóutəs]
☐ **revenge** [rivéndʒ]
☐ **hope** [hóup]
☐ **moment** [móumənt]

☐ *moments later*
☐ *next to*
☐ **awoke** [əwóuk] < awake
☐ **hear** [híəʳ]

◆ **KEY SENTENCES** (☞ p. 72)

[45]I will kill the man • who killed you • —me!
[46]Juliet turned • and saw Romeo • lying next to her.

She took the bottle of poison
from his hands.

"He drank it all and left none for me!"
she said.

Then, she kissed him.
[47]She hoped some of the poison
was still on his lips,
but there was none.

[48]Juliet heard people entering the tomb
when she saw Romeo's knife on his belt.
She took the knife
and plunged it straight into her heart.
She died and fell onto Romeo's body.

(71 [2,640] words)

ジュリエットはロミオの手から毒瓶を取ったが空だった。彼の唇にも毒は残っていなかった。彼女は彼のベルトからナイフを抜くと心臓に突き刺した。

◆ KEYWORDS

☐ **bottle** [bάːtəl]   ☐ **plunge** [plΛndʒ]

☐ **none** [nΛn]   ☐ **straight** [stréɪt]

☐ **belt** [bélt]

◆ KEY SENTENCES (☞ p. 72)

⁴⁷ She hoped • some of the poison • was still on his lips, • but there was none.

⁴⁸ Juliet heard • people entering the tomb • when she saw Romeo's knife • on his belt.

Then,
several townspeople entered the tomb.
They found Romeo, Juliet, and Paris
all dead.

Someone called the Prince,
the Capulets, and the Montagues,
and they arrived soon after.

Prince Escalus ordered Father Laurence
to explain the situation.

"Romeo was Juliet's husband,
and Juliet was his wife,"
Father Laurence said.
"[49]They were in love,
and I married them the day
that Tybalt died.

町人が墓にやってくると、ロミオもジュリエットもパリスも死んでいた。呼
ばれた王子、キャピュレット家とモンタギュー家の人々はすぐに到着した。

When Romeo was exiled,
the lovers wanted to be together,
so I made a plan.

(77 [2,717] words)

◆ **KEYWORDS**

☐ **several** [sévərəl]
☐ **order** [ɔ́ːʳdəʳ]
☐ **explain** [ɪkspléɪn]
☐ **situation** [sìtʃuːéɪʃən]

☐ **husband** [hʌ́zbənd]
☐ *be in love*
☐ **lover** [lʌ́vəʳ]
☐ *make a plan*

◆ **KEY SENTENCES** (☞ p. 72)

[49]They were in love, • and I married them • the day that Tybalt died.

"⁵⁰I gave Juliet a sleeping medicine
to make her look dead.
⁵¹When she woke up,
Romeo was supposed to take her to
Mantua.

But Romeo did not get my letter.
Instead, he heard that Juliet was dead.
So, he came here, and he met Paris.

When I arrived,
the two young men were dead.
Paris was killed by a sword,
and Romeo was dead from poison.

When Juliet woke up,
she would not leave Romeo's side.
Now, I see that she took Romeo's knife
and killed herself."

ローレンス神父は自分が立てた計画を説明した。ジュリエットに仮死薬を渡
し、彼女が目覚めたらロミオがマンチュアに連れていくはずだった、と。

"Your families' hate caused this!"
said Prince Escalus
to Lord Capulet and Lord Montague.

(101 [2,818] words)

◆ **KEYWORDS**

☐ **gave** [géɪv] < give
☐ **woke** [wóʊk] < wake
☐ **suppose** [səpóʊz]

☐ **side** [sáɪd]
☐ *kill oneself*
☐ **cause** [kɔ́ːz]

◆ **KEY SENTENCES** (☞ p. 72)

[50] I gave Juliet a sleeping medicine • to make her look dead.
[51] When she woke up, • Romeo was supposed to take her • to Mantua.

"Your children and family members
are dead.
Your hate caused the death
of many townspeople, too.
[52]So, fate decided to kill
your children with love!"

"Brother Montague," said Lord Capulet.
"I want to make peace."

"I will make a gold statue
of your daughter Juliet,"
said Lord Montague.
"All of Verona will remember
her beauty and kindness."

"And I will make a gold statue of Romeo,"
said Lord Capulet.

エスカラス王子は「一族の憎しみがこの事態を招いたのだ」とキャピュレット卿、モンタギュー卿に言った。両家はその場でついに和解した。

"It will stand
next to Juliet's statue forever."

"It is a sad morning," said the Prince.
"[53]There is no sadder tale
than the story of Romeo and Juliet."

(97 [2,915] words)

◆ **KEYWORDS**

☐ **fate** [féɪt]

☐ *make peace*

☐ **statue** [stǽtʃùː]

☐ **remember** [rimémbəʳ]

☐ **kindness** [káɪndnəs]

☐ **sadder** [sǽdəʳ] < sad

☐ **tale** [téɪl]

◆ **KEY SENTENCES** (☞ p. 72)

[52]So, • fate decided • to kill your children with love!

[53]There is no sadder tale • than the story • of Romeo and Juliet.

〈KEY SENTENCES の訳〉

1. One day, two young men from the Capulet family walked into the town square.
   ある日、キャピュレット家の2人の青年が町の広場に入ってきました。

2. Gregory said that he wanted to start a fight with a Montague.
   グレゴリーは、モンタギュー家の人と喧嘩をしたいと言いました。

3. The two Montagues pulled out their swords and started to fight with the Capulets.
   モンタギュー家の二人は剣を抜いて、キャピュレット家と喧嘩を始めました。

4. Benvolio was a Montague, but he did not want his friends to fight.
   ベンヴォーリオはモンタギュー家でしたが、仲間が戦うことを望んでいませんでした。

5. The noise attracted Lord and Lady Capulet as well as Lord and Lady Montague.
   騒動はキャピュレット卿と夫人、そしてモンタギュー卿と夫人を引きつけました。

6. Everyone but Benvolio and Lord and Lady Montague left the town square.
   ベンヴォーリオとモンタギュー夫妻以外の人々は、町の広場を去っていきました。

7. I saw him near the edge of town early this morning.
   私は今朝早く、町の端の近くで彼を見かけました。

8. But Lord Capulet said it was too soon because Juliet was just fourteen years old.
   しかし、キャピュレット卿は、ジュリエットがまだ14歳なので早すぎると言いました。

9. He thought she was the most beautiful girl in the world and soon walked toward her.
   彼は、彼女が世界で最も美しい少女だと思い、すぐに彼女の方へ歩いていきました。

10. Juliet allowed him to give her a soft kiss on the lips.
    ジュリエットは、彼が自分の唇にやさしいキスをするのを許しました。

11. After the party, Romeo could not stop thinking about Juliet.
    パーティーの後、ロミオはジュリエットのことが頭から離れませんでした。

12. Just say you love me, and I will throw away my name!
私を愛していると言ってくれれば、私は自分の名前を捨ててもいい！

13. Tell her where and when we will have our wedding.
いつどこで私たちの結婚式を挙げるか、彼女に伝えてください。

14. The priest thought their wedding could end the fight between the Montagues and the Capulets.
神父は、二人の結婚が、モンタギュー家とキャピュレット家の争いを終わらせることができると考えていました。

15. They were walking through town and were glad to see Romeo so happy.
二人は町を歩いていて、ロミオの幸せそうな姿を見て嬉しくなりました。

16. Romeo told the nurse that Juliet should come to Father Laurence's room at the church in the afternoon for their wedding.
ロミオは乳母に、結婚式を挙げるためにジュリエットが午後に教会のローレンス神父の部屋に来るように、と伝えました。

17. He also asked her to hang some rope from Juliet's window so he could visit that night.
また、ロミオは乳母に、ジュリエットの家の窓からロープを吊るして、その日の夜に訪問できるようにしてほしいと頼みました。

18. Because Romeo was now a part of Tybalt's family, Romeo did not want to fight with the Capulets.
ロミオはティボルトの家族の一員となったので、ロミオはキャピュレット家と争うことを望みませんでした。

19. When he heard what happened, he said that Romeo had to leave Verona forever.
事情を聞いた王子は、「ロミオは永遠にヴェローナを去らなければならない」と言いました。

20. "If Romeo ever comes to this town again, he will be killed," the Prince said.
「ロミオが再びこの町に来ることがあれば、彼は殺されるだろう」と王子は言いました。

21. Juliet was angry that Romeo killed her cousin, but she was also devastated that she could not see Romeo.
ジュリエットは、ロミオが自分のいとこを殺したことに怒りを感じていましたが、ロミオに会えないことにも打ちひしがれていました。

22. "Take this ring to him as a sign of my love," she said.
「この指輪を、私の愛の証として彼に渡してください」と彼女は言いました。

23. At the church, Father Laurence told Romeo that the Prince demanded his exile.
教会では、ローレンス神父が、王子がロミオの追放を要求していることをロミオに伝えました。

24. With time, the Prince will forgive you and you can come back to Verona.
時が経てば、王子はあなたを許し、あなたはヴェローナに戻ってくることができます。

25. They decided to let him marry Juliet and to hold the wedding on Thursday.
彼らは、彼をジュリエットと結婚させることにし、木曜日に結婚式を挙げることにしました。

26. As they said goodbye, Romeo also said goodbye to Juliet in another part of the house.
彼らが別れを告げているとき、ロミオも家の別の場所でジュリエットに別れを告げていました。

27. She thought Juliet would be happy to learn about her marriage to Paris.
彼女は、ジュリエットがパリスとの結婚を知って喜ぶと思っていました。

28. He saw her tears, and, at first, he spoke softly to make her feel better.
彼は彼女の涙を見て、最初は、彼女の気分をよくするために優しく話していました。

29. With him, I will pray to God to forgive me for making my father angry.
彼と一緒に、父を怒らせてしまった自分を許してくれるよう、神に祈ります。

30. Meanwhile, Paris himself was already at the church talking to Father Laurence.
一方、パリス自身はすでに教会でローレンス神父と話していました。

31. Paris told Father Laurence about his wedding on Thursday, and Father Laurence was very surprised at this news.
パリスはローレンス神父に木曜日の結婚式のことを話し、ローレンス神父はこの知らせにとても驚きました。

32. Please tell me you can help me, or I will sink this deep into my heart!" said Juliet as she pulled a knife out from her dress.

どうか、あなたが助けてくれると言ってくれなければ、このままこれを私の心臓に深く沈めてしまうわ！」ジュリエットは言って、ドレスからナイフを取り出しました。

33. Lord Capulet was so pleased that he decided to hold the wedding the very next day.

キャピュレット卿は大喜びで、その翌日に結婚式を挙げることにしました。

34. Although she was afraid, she told herself to be strong for Romeo.

怖いけれど、彼女はロミオのために頑張ろうと自分に言い聞かせていました。

35. When Juliet didn't move, her nurse looked closely and saw that Juliet was not breathing.

ジュリエットが動かないので、乳母がよく見ると、ジュリエットは息をしていませんでした。

36. Lord and Lady Capulet quickly came into the room and saw that their daughter was dead.

キャピュレット夫妻がすぐに部屋に入ってきて、娘が死んでいるのを見ました。

37. "You are already dressed in your best clothes because of the wedding," Father Laurence said.

「あなたは結婚式のために、すでに最高の服を着ています」とローレンス神父が言った。

38. At that time, Romeo was in Mantua feeling good as he walked the streets of Mantua.

その頃、ロミオは気分よくマンチュアの道を歩いていました。

39. He told his servant to get him a horse while he visited a medicine maker's shop.

彼は召使に馬をもらってくるように伝え、その間に薬屋を訪ねました。

40. "I'm sorry," said Father John, "but I could not enter Mantua because illness is spreading in the city.

「申し訳ありません」ジョン神父は言いました。「マンチュアでは病気が蔓延しているので、入ることができませんでした」

41. "Now I must go to Juliet instead of Romeo and get her out of that tomb," said Father Laurence.

「今、私はロミオの代わりにジュリエットの元へ行き、彼女をあの墓から出してあげなければなりません」とローレンス神父は言いました。

42. I must write again to Romeo and tell him that I will keep Juliet hidden and safe in my room.

私はロミオにもう一度手紙を書いて、ジュリエットを私の部屋に隠して安全にしておくと伝えなければなりません。

43. He hid and then saw Romeo entering the tomb.

彼（パリス）は隠れて、ロミオが墓に入るのを見ました。

44. "Please be kind to me and lay me next to Juliet," Paris said before he died.

「どうか私に優しくして、ジュリエットの隣に置いてください」パリスは死ぬ前に言いました。

45. I will kill the man who killed you —me!

私はあなたを殺した男—私—を殺します！

46. Juliet turned and saw Romeo lying next to her.

ジュリエットが振り返って見ると、隣にロミオが横たわっていました。

47. She hoped some of the poison was still on his lips, but there was none.

彼女は彼の唇にまだ毒が残っていることを願いましたが、何もありませんでした。

48. Juliet heard people entering the tomb when she saw Romeo's knife on his belt.

ジュリエットは、ロミオがベルトにナイフをつけているのを見たとき、人々が墓に入ってくる音を聞きました。

49. They were in love, and I married them the day that Tybalt died.

二人は愛し合っていたので、ティボルトが死んだ日に私が結婚させました。

50. I gave Juliet a sleeping medicine to make her look dead.

私はジュリエットが死んだように見せかけるために、睡眠薬を与えました。

51. When she woke up, Romeo was supposed to take her to Mantua.

彼女が目を覚ましたら、ロミオが彼女をマンチュアに連れて行くことになっていました。

52. So, fate decided to kill your children with love!

だから、運命は愛によって子どもたちを殺すことにしたのです！

53. There is no sadder tale than the story of Romeo and Juliet.

ロミオとジュリエットの物語ほど悲しい物語はありません。

Word List

名名詞	代代名詞	形形容詞	副副詞	動動詞	助助動詞
前前置詞	接接続詞	間間投詞	冠冠詞	略略語	俗俗語
熟熟語	頭接頭語	尾接尾語	記記号	関関係代名詞	

A

☐ **a** 冠 ①1つの、1人の、ある ②〜につき

☐ **about** 副 ①およそ、約 ②まわり に、あたりを 前 ①〜について ②〜 のまわりに[の] hear about 〜に ついて聞く

☐ **across** 前 〜を渡って、〜の向こ う側に、(身体の一部に)かけて 副 渡って、向こう側に

☐ **action** 名行動、行為、動作 take action 行動を起こす

☐ **advice** 名忠告、助言、意見 ask someone for advice (人)にアド バイスを求める

☐ **afraid** 形 ①心配して ②恐れて、 こわがって

☐ **after** 前 ①〜の後に[で]、〜の次 に ②《前後に名詞がきて》次々に〜、 何度も《反復・継続を表す》 副後 に[で] 接 (〜した)後に[で] 動 〜の後を追って、〜を捜して

☐ **afternoon** 名午後

☐ **again** 副再び、もう一度

☐ **against** 前 ①〜に対して、〜に反 対して、(規則など)に違反して ② 〜にもたれて

☐ **agree** 動 ①同意する ②意見が 一致する

☐ **ah** 間《驚き・悲しみ・賞賛などを 表して》ああ、やっぱり

☐ **all** 形すべての、〜中 代全部、す べて(のもの[人]) 名全体 副ま ったく、すっかり

☐ **allow** 動 ①許す、《- … to 〜》… が〜するのを可能にする、…に〜さ せておく ②与える

☐ **alone** 形ただひとりの 副ひとり で、〜だけで leave 〜 alone 〜を そっとしておく

☐ **along** 前 〜に沿って 副 〜に沿 って、前へ、進んで along with 〜と一緒に

☐ **already** 副すでに、もう

□ **also** 副 ~も（また），～も同様に 接その上，さらに

□ **although** 接 ~だけれども，～にもかかわらず，たとえ～でも

□ **am** 動 ~である，（～に）いる［ある］《主語がIのときのbeの現在形》

□ **and** 接 ①そして，～と… ②《同じ語を結んで》ますます ③《結果を表して》それで，だから **between A and B** AとBの間に

□ **anger** 名 怒り 動 怒る，～を怒らせる

□ **angry** 形 怒って，腹を立てて

□ **another** 形 ①もう1つ［1人］の②別の 代 ①もう1つ［1人］ ②別のもの

□ **answer** 動 ①答える，応じる ②《- for ~》～の責任を負う 名 答え，応答，返事

□ **any** 形 ①《疑問文で》何か，いくつかの ②《否定文で》何も，少しも（～ない）③《肯定文で》どの～も代 ①《疑問文で》（～のうち）何か，どれか，誰か ②《否定文で》少しも，何も［誰も］～ない ③《肯定文で》どれも，誰でも

□ **apologize** 動 謝る，わびる

□ **are** 動 ~である，（～に）いる［ある］《主語がyou, we, theyまたは複数名詞のときのbeの現在形》

□ **around** 副 ①まわりに，あちこちに ②およそ，約 前 ～のまわりに，～のあちこちに

□ **arrive** 動 到着する，到達する **arrive at** ~に着く

□ **as** 接 ①《as ~ as …の形で》…と同じくらい～ ②～のとおりに，

~のように ③～しながら，～しているときに ④～するにつれて，～にしたがって ⑤～なので ⑥～だけれども ⑦～する限りでは **A as well as B** AもBも 前 ①~として（の）②～の時 **as a sign of** ~の印として **do as someone says**（人）の言うとおりにする 副 同じくらい 代 ①~のような②～だが

□ **ask** 動 ①尋ねる，聞く ②頼む，求める **ask someone for advice**（人）にアドバイスを求める

□ **at** 前 ①《場所・時》~に［で］②《目標・方向》~に［を］，～に向かって③《原因・理由》~を見て［聞いて・知って］④~に従事して，～の状態で **at first** 最初は，初めのうちは **at that time** その時 **at this** これを見て，そこで（すぐに）

□ **attract** 動 ①引きつける，引く②魅力がある，魅了する

□ **awake** 動 目が覚める，〔眠りから〕起きる

□ **away** 副 離れて，遠くに，去って，わきに **put away** 片づける，取っておく **throw away** ~を捨てる **walk away** 立ち去る，遠ざかる 形 離れた，遠征した

□ **awoke** 動 awake（目が覚める）の過去

B

□ **back** 名 ①背中 ②裏，後ろ副 ①戻って ②後ろへ［に］**come back** 戻る **come back to** ~へ帰ってくる，～に戻る 形 裏の，後ろの動 後ろへ動く，後退する

□ **bad** 形 ①悪い, へたな, まずい ②気の毒な ③(程度が)ひどい, 激しい

□ **be** 動 ～である, (～に)いる[ある], ～となる Please be kind to me… どうぞ(よろしく)～してください 助①《現在分詞とともに用いて》～している ②《過去分詞とともに用いて》～される, ～されている

□ **beautiful** 形 美しい, すばらしい 間 いいぞ, すばらしい

□ **beauty** 名 ①美, 美しい人[物] ②《the –》美点

□ **because** 接(なぜなら)～だから, ～という理由[原因]で because of ～のために, ～の理由で

□ **bed** 名 ①ベッド, 寝所 ②花壇, 川床, 土台

□ **before** 前 ～の前に[で], ～より以前に 接 ～する前に 副 以前に the night before 前の晩

□ **believe** 動 信じる, 信じている, (～と)思う, 考える

□ **belt** 名 ①ベルト, バンド ②地帯 動 ベルト[ひも]でくくる

□ **Benvolio** 名 ベンヴォーリオ《人名》

□ **best** 形 最もよい, 最大[多]の 副 最もよく, 最も上手に 名《the –》①最上のもの ②全力, 精いっぱい

□ **better** 形 ①よりよい ②(人が)回復して 副 ①よりよく, より上手に ②むしろ make someone feel better (人)の気分を和らげる

□ **between** 前 (2つのもの)の間に[で・の] between A and B AとBの間に 副 間に

□ **big** 形 ①大きい ②偉い, 重要な 副 ①大きく, 大いに ②自慢して

□ **body** 名 ①体, 死体, 胴体 ②団体, 組織 ③主要部, (文書の)本文

□ **bottle** 名 瓶, ボトル 動 瓶に入れる[詰める]

□ **breath** 名 ①息, 呼吸 ②《a –》(風の)そよぎ, 気配, きざし

□ **breathing** 動 breathe(呼吸する)の現在分詞 名 ①呼吸, 息づかい ②《a –》ひと息の間, ちょっとの間

□ **bring** 動 ①持ってくる, 連れてくる ②もたらす, 生じる

□ **brother** 名 ①兄弟 ②同僚, 同胞

□ **burst** 動 ①爆発する[させる] ②破裂する[させる] burst with ～であふれそうである 名 ①破裂, 爆発 ②突発

□ **busy** 形 ①忙しい ②(電話で)話し中で ③にぎやかな, 交通が激しい

□ **but** 接 ①でも, しかし ②～を除いて 前 ～を除いて, ～のほかは 副 ただ, のみ, ほんの

□ **by** 前 ①《位置》～のそばに[で] ②《手段・方法・行為者・基準》～によって, ～で ③《期限》～までには ④《通過・経由》～を経由して, ～を通って close by すぐ近くに 副 そばに, 通り過ぎて

C

□ **call** 動 ①呼ぶ, 叫ぶ ②電話をかける ③立ち寄る call for ～を求める, 訴える, ～を呼び求める, 呼び出

す 名①呼び声, 叫び ②電話（をかけること）③短い訪問

□ **came** 動 come（来る）の過去

□ **can** 助①〜できる ②〜してもよい ③〜でありうる ④《否定文で》〜のはずがない

□ **Capulet** 名 キャピュレット, キャピュレット家

□ **cause** 名①原因, 理由, 動機 ②大義, 主張 動（〜の）原因となる, 引き起こす

□ **child** 名 子ども

□ **children** 名 child（子ども）の複数

□ **choice** 名 選択（の範囲・自由）, えり好み, 選ばれた人[物] have no choice〔〜する以外に〕選択の余地がない, 仕方ない 形 精選した

□ **choose** 動 選ぶ, 選択する,〔〜を〕望む

□ **chose** 動 choose（選ぶ）の過去

□ **church** 名 教会, 礼拝（堂）

□ **city** 名①都市, 都会 ②《the –》（全）市民

□ **climb** 動 登る, 徐々に上がる 名 登ること, 上昇

□ **close** 形①近い ②親しい ③狭い close by すぐ近くに 副①接近して ②密集して 動①閉まる, 閉める ②終える, 閉店する

□ **closely** 副①密接に ②念入りに, 詳しく ③ぴったりと

□ **clothes** 動 clothe（服を着せる）の3人称単数現在 名 衣服, 身につけるもの

□ **coldly** 副 冷たく, よそよそしく

□ **come** 動①来る, 行く, 現れる ②（出来事が）起こる, 生じる ③〜になる ④come の過去分詞 come back 戻る come back to 〜へ帰ってくる, 〜に戻る come into 〜に入ってくる come up 近づいてくる, 浮上する

□ **coming** 動 come（来る）の現在分詞 I'm coming. すぐ行きます。

□ **convince** 動 納得させる, 説得する

□ **could** 助①can（〜できる）の過去 ②《控え目な推量・可能性・願望などを表す》

□ **cousin** 名 いとこ, よく似た人[物]

□ **cried** 動 cry（泣く, 叫ぶ）の過去, 過去分詞

□ **cries** 名 泣き叫び

□ **cry** 動 泣く, 叫ぶ, 大声を出す, 嘆く cry over 〜を嘆く 名 泣き声, 叫び, かっさい

□ **crying** 動 cry（泣く, 叫ぶ）の現在分詞 名 叫び, 泣き叫び, 号泣

□ **cut** 動①切る, 刈る ②短縮する, 削る ③cut の過去, 過去分詞 名①切ること, 切り傷 ②削除 ③ヘアスタイル

D

□ **dancing** 動 dance（踊る）の現在分詞 名 ダンス, 舞踏

□ **daughter** 名 娘

□ **day** 名①日中, 昼間 ②日, 期日 ③《-s》時代, 生涯 one day（過去の）ある日,（未来の）いつか

□ **dead** 形①死んでいる, 活気のな

い, 枯れた ②まったくの 名《the –
》死者たち, 故人 副完全に, まった
く

□ **dear** 形いとしい, 親愛なる, 大事
な 名ねえ, あなた《呼びかけ》間
まあ, おや

□ **death** 名①死, 死ぬこと ②《the
– 》終えん, 消滅 worse than
death 死ぬことよりもむごい

□ **decide** 動決定する, 決意する,
きっと~だと思う decide to do
~することに決める

□ **deep** 形①深い, 深さ~の ②深
遠な ③濃い 副深く

□ **deeply** 副深く, 非常に

□ **demand** 動①要求する, 尋ねる
②必要とする 名①要求, 請求
②需要

□ **devastate** 動荒らす, 荒廃させる,
困惑させる

□ **did** 動do (~をする)の過去
助doの過去

□ **die** 動死ぬ, 消滅する or die
trying 何がなんでも

□ **dinner** 名①ディナー, 夕食 ②夕
食[食事]会, 祝宴

□ **do** 助①《ほかの動詞とともに用
いて現在形の否定文・疑問文をつく
る》②《同じ動詞を繰り返す代わり
に用いる》③《動詞を強調するのに
用いる》動~をする decide to
do ~することに決める do as
someone says (人)の言うとおり
にする enough to do ~するのに
十分 glad to do《be – 》~して
うれしい, 喜んで~する happy to
do《be – 》~してうれしい, 喜ん
で~する if someone ever do

(人)が~することがあれば start
to do ~し始める

□ **does** 動do (~をする)の3人称
単数現在 助doの3人称単数現在

□ **doing** 動do (~をする)の現在分
詞 stop doing ~するのをやめる
名①すること, したこと ②《 -s》
行為, 出来事

□ **door** 名①ドア, 戸 ②一軒, 一戸

□ **down** 副①下へ, 降りて, 低くな
って ②倒れて look down at ~に
目[視線]を落とす 前~の下方へ,
~を下って 形下方の, 下りの

□ **drank** 動drink (飲む)の過去形

□ **dress** 名ドレス, 衣服, 正装
動①服を着る[着せる] ②飾る

□ **drink** 動飲む, 飲酒する 名飲み
物, 酒, 1杯

E

□ **ear** 名耳, 聴覚

□ **early** 形①(時間や時期が)早い
②初期の, 幼少の, 若い 副①早く,
早めに ②初期に, 初めのころに

□ **edge** 名①刃 ②端, 縁 動①刃
をつける, 鋭くする ②縁どる, 縁に
沿って進む

□ **end** 名①終わり, 終末, 死 ②果て,
末, 端 ③目的 動終わる, 終える

□ **enemy** 名敵

□ **enough** 形十分な, (~するに)
足る enough to do ~するのに十
分な 代十分(な量・数), たくさん
副(~できる)だけ, 十分に, まった
く

□ **enter** 動①入る, 入会[入学]す

る［させる］ ②記入する ③（考えな どが）（心・頭に）浮かぶ

- □ **Escalus** 图エスカラス《人名》
- □ **even** 副①《強意》〜でさえも, 〜ですら, いっそう, なおさら ②平等に **even though** 〜であるけれども 形①平らな, 水平の ②等しい, 均一の ③落ち着いた 動平らになる［する］, 釣り合いがとれる
- □ **evening** 图①夕方, 晩 ②《the ［one's］−》末期, 晩年, 衰退期
- □ **ever** 副①今までに, これまで, かつて, いつまでも ②《強意》いったい **if someone ever do**（人）が〜することがあれば
- □ **everyone** 代誰でも, 皆
- □ **everywhere** 副どこにいても, いたるところに
- □ **excuse** 動①（〜の）言い訳をする ②許す, 容赦する, 免除する 图①言い訳, 口実 ②免除
- □ **exile** 图追放（者）, 亡命（者） 動追放する
- □ **explain** 動説明する, 明らかにする, 釈明［弁明］する

F

- □ **face** 图①顔, 顔つき ②外観, 外見 ③（時計の）文字盤,（建物の）正面 **make a face at** 〜に嫌な顔をする 動直面する, 立ち向かう
- □ **fall** 動落ちる, 落下する, 倒れる **fall onto** 〜に落ちる
- □ **family** 图家族, 家庭, 一門, 家柄
- □ **fate** 图①《時にF-》運命, 宿命 ②破滅, 悲運 動（〜の）運命にある

- □ **father** 图①父親 ②先祖, 創始者 ③《F-》神 ④神父, 司祭
- □ **feel** 動感じる,（〜と）思う **feel like** 〜したい気がする, 〜のような感じがする **make someone feel better**（人）の気分を和らげる
- □ **feeling** 動feel（感じる）の現在分詞 图①感じ, 気持ち ②触感, 知覚 ③同情, 思いやり, 感受性 形感じる, 感じやすい, 情け深い
- □ **fell** 動fall（落ちる）の過去
- □ **fence** 图囲み, さく 動さくをめぐらす, 防御する
- □ **fight** 動（〜と）戦う, 争う **fight with** 〜と戦う 图①戦い, 争い, けんか ②闘志, ファイト
- □ **fighting** 動fight（戦う）の現在分詞 图戦闘
- □ **fill** 動①満ちる, 満たす ②《be -ed with 〜》〜でいっぱいである, 満たされている
- □ **find** 動①見つける ②（〜と）わかる, 気づく, 〜と考える ③得る **find out** 明らかにする, 見つけ出す
- □ **fine** 形①元気な ②美しい, りっぱな, 申し分ない, 結構な ③晴れた ④細かい, 微妙な 副りっぱに, 申し分なく
- □ **first** 图最初, 第一（の人・物） **at first** 最初は, 初めのうちは 形①第一の, 最初の ②最も重要な 副第一に, 最初に
- □ **flower** 图①花, 草花 ②満開 動花が咲く
- □ **follow** 動①ついていく, あとをたどる ②（〜の）結果として起こる ③（忠告などに）従う ④理解できる

80

□ **for** 前 ①《目的・原因・対象》
～にとって、～のために[の]、～に
対して ②《期間》～間 ③《代理》
～の代わりに ④《方向》～へ（向か
って）**ask someone for advice**
（人）にアドバイスを求める **call for**
～を求める、訴える、～を呼び求め
る、呼び出す **head for** ～に向かう、
～の方に進む **leave for** ～に向か
って出発する **leave ～ for …** …
を～のために残しておく **prepare
for** ～の準備をする **ready for**《be
–》準備が整って **wait for** ～を待
つ 接というわけは～、なぜなら～、
だから

□ **forever** 副 永遠に、絶えず

□ **forget** 動 忘れる、置き忘れる

□ **forgive** 動 許す、免除する

□ **forgiveness** 名 許すこと、許し、
容赦

□ **fought** 動 fight（戦う）の過去、過
去分詞

□ **found** 動 ①find（見つける）の過
去、過去分詞 ②～の基礎を築く、～
を設立する

□ **fourteen** 名 14（の数字）、14人
[個] 形 14の、14人[個]の

□ **free** 形 ①自由な、開放された、自
由に～できる ②暇で、（物が）空い
ている、使える ③無料の **free to**
《be –》自由に～できる 副 ①自由
に ②無料で 動 自由にする、解放
する

□ **friend** 名 友だち、仲間

□ **from** 前 ①《出身・出発点・時間・
順序・原料》～から ②《原因・理由》
～がもとで

G

□ **garden** 名 庭、庭園 動 園芸をす
る、庭いじりをする

□ **gave** 動 give（与える）の過去

□ **get** 動 ①得る、手に入れる ②（あ
る状態に）なる、いたる ③わかる、
理解する ④～させる、～を（…の状
態に）する ⑤（ある場所に）達する、
着く **get to know** 知るようになる、
知り合う

□ **girl** 名 女の子、少女

□ **give** 動 ①与える、贈る ②伝える、
述べる ③（～を）する

□ **glad** 形 ①うれしい、喜ばしい
②《be – to ～》～してうれしい、喜
んで～する

□ **go** 動 ①行く、出かける ②動く
③進む、経過する、いたる ④（ある
状態に）なる **go home** 帰宅する
go into ～に入る **go up to** ～まで
行く、近づく **go with** ～と一緒に
行く

□ **God** 名 神

□ **gold** 名 金、金貨、金製品、金色
形 金の、金製の、金色の

□ **gone** 動 go（行く）の過去分詞
形 去った、使い果たした、死んだ

□ **good** 形 ①よい、上手な、優れた、
美しい ②（数量・程度が）かなりの、
相当な **have a good idea** 良いア
イデアがある 間 よかった、わかっ
た、よろしい 名 ①善、徳、益、幸福
②《-s》財産、品、物質

□ **goodbye** 間 さようなら 名 別れ
のあいさつ **say goodbye to** ～に
さよならと言う

□ **got** 動 get（得る）の過去、過去分

詞

□ **grant** 動 ①許可する，承諾する ②授与する，譲渡する ③（なるほどと）認める **grant someone's wish** （人）の望みをかなえる 名授与されたもの

□ **grave** 名墓 形重要な，厳粛な，落ち着いた

□ **great** 形 ①大きい，広大な，（量や程度が）たいへんな ②偉大な，優れた ③すばらしい，おもしろい

□ **Gregory** 名グレゴリー《人名》

H

□ **had** 動 have（持つ）の過去，過去分詞 助 haveの過去《過去完了の文をつくる》

□ **hall** 名公会堂，ホール，大広間，玄関

□ **hand** 名 ①手 ②（時計の）針 ③援助の手，助け 動手渡す

□ **hang** 動かかる，かける，つるす，ぶら下がる 名 ①かかり具合 ②《the –》扱い方，こつ

□ **happen** 動 ①（出来事が）起こる，生じる ②偶然［たまたま］〜する

□ **happiness** 名幸せ，喜び

□ **happy** 形幸せな，うれしい，幸運な，満足して **happy to do**《be –》〜してうれしい，喜んで〜する

□ **has** 動 have（持つ）の3人称単数現在 助 haveの3人称単数現在《現在完了の文をつくる》

□ **hate** 動嫌う，憎む，（〜するのを）いやがる 名憎しみ

□ **have** 動 ①持つ，持っている，抱く ②（〜が）ある，いる ③食べる，飲む ④経験する，（病気に）かかる ⑤催す，開く ⑥（人に）〜させる **have a good idea** 良いアイデアがある **have no choice**〔〜する以外に〕選択の余地がない，仕方ない **have power over** 〜を思いのままに操る力を持っている 助《〈have＋過去分詞〉の形で現在完了の文をつくる》〜した，〜したことがある，ずっと〜している

□ **he** 代彼は［が］

□ **head** 名 ①頭 ②先頭 ③長，指導者 動向かう，向ける **head for** 〜に向かう，〜の方に進む

□ **hear** 動聞く，聞こえる **hear about** 〜について聞く

□ **heard** 動 hear（聞く）の過去，過去分詞

□ **heart** 名 ①心臓，胸 ②心，感情，ハート ③中心，本質

□ **heaven** 名 ①天国 ②天国のようなところ［状態］，楽園 ③空 ④《H-》神 **in heaven**〔死んで〕天国に

□ **hello** 間 ①こんにちは，やあ ②《電話で》もしもし

□ **help** 動 ①助ける，手伝う ②給仕する 名助け，手伝い

□ **her** 代 ①彼女を［に］ ②彼女の

□ **here** 副 ①ここに［で］ ②《- is［are］〜》ここに〜がある，こちらは〜です。 ③さあ，そら 名ここ

□ **herself** 代彼女自身

□ **hid** 動 hide（隠れる）の過去，過去分詞

□ **hidden** 動 hide（隠れる）の過去分詞 形隠れた，秘密の

A
B
C
D
E
F
G
H
I
J
K
L
M
N
O
P
Q
R
S
T
U
V
W
X
Y
Z

□ **hide** 動隠れる, 身を潜める, 秘密にする

□ **hiding** 動 hide（隠れる）の現在分詞 名隠す［隠れる］こと

□ **him** 代彼を［に］

□ **himself** 代彼自身

□ **his** 代 ①彼の ②彼のもの

□ **hold** 動 ①つかむ, 持つ, 抱く ②保つ, 持ちこたえる ③収納できる, 入れることができる ④（会などを）開く 名 ①つかむこと, 保有 ②支配［理解］力

□ **home** 名 ①家, 自国, 故郷, 家庭 ②収容所 副家に, 自国へ **go home** 帰宅する 形家の, 家庭の, 地元の 動 ①家［本国］に帰る ②（飛行機などを）誘導する

□ **hope** 名希望, 期待, 見込み 動望む, （～であるようにと）思う

□ **horse** 名馬

□ **hour** 名 1時間, 時間

□ **house** 名 ①家, 家庭 ②（特定の目的のための）建物, 小屋

□ **husband** 名夫

I

□ **I** 代私は［が］ **I'm coming.** すぐ行きます。 **May I ~?** ～してもよいですか。

□ **idea** 名考え, 意見, アイデア, 計画 **have a good idea** 良いアイデアがある **wild idea**《a ‐ 》突拍子もないアイデア

□ **if** 接もし～ならば, たとえ～でも, ～かどうか **if someone ever do** （人）が～することがあれば 名疑問, 条件, 仮定

□ **illness** 名病気

□ **immediately** 副すぐに, ～するやいなや

□ **in** 前 ①《場所・位置・所属》～（の中）に［で・の］ ②《時》～（の時）に［の・で］, ～後（に）, ～の間（に） ③《方法・手段》～で ④～を身につけて, ～を着て ⑤～に関して, ～について ⑥《状態》～の状態で **in heaven**〔死んで〕天国に **in love**《be ‐ 》恋して, 心を寄せて **in peace** 平和のうちに, 安心して **in the world** 世界で **rest in peace** 安らかに眠る 副中へ［に］, 内へ［に］

□ **inside** 名内部, 内側 形内部［内側］にある 副内部［内側］に 前～の内部［内側］に

□ **instead** 副その代わりに **instead of** ～の代わりに

□ **into** 前 ①《動作・運動の方向》～の中へ［に］ ②《変化》～に［へ］

□ **is** 動 be（～である）の3人称単数現在

□ **it** 代 ①それは［が］, それを［に］ ②《天候・日時・距離・寒暖などを示す》

□ **Italy** 名イタリア《国名》

J

□ **John** 名ジョン《人名》

□ **Juliet** 名ジュリエット《人名》

□ **jump** 動 ①跳ぶ, 跳躍する, 飛び越える, 飛びかかる ②（～を）熱心にやり始める **jump out** 飛び出る **jump over** ～の上を飛び越える

名①跳躍 ②急騰, 急転

□ **just** 形正しい, もっともな, 当然な 副①まさに, ちょうど, (～した)ばかり ②ほんの, 単に, ただ～だけ ③ちょっと **just then** ちょうどその時, そのとたんに

K

□ **keep** 動①とっておく, 保つ, 続ける ②(～を…に)しておく ③飼う, 養う ④経営する ⑤守る

□ **kill** 動殺す, 消す, 枯らす **kill oneself** 自殺する 名殺すこと

□ **kind** 形親切な, 優しい **Please be kind to me** … どうぞ(よろしく)～してください **kind to**《be －》～に親切である 名種類 **kind of** ある程度, ～のようなもの[人]

□ **kindness** 名親切(な行為), 優しさ

□ **kiss** 名キス 動キスする

□ **knife** 名ナイフ, 小刀, 包丁, 短剣

□ **know** 動①知っている, 知る, (～が)わかる, 理解している ②知り合いである **get to know** 知るようになる, 知り合う

L

□ **lady** 名婦人, 夫人, 淑女, 奥さん

□ **laid** 動lay (置く)の過去, 過去分詞

□ **last** 形①《the －》最後の ②この前の, 先～ ③最新の **one last time** 最後にもう一度 副①最後に ②この前 名《the －》最後(のもの), 終わり 動続く, 持ちこたえる

□ **late** 形①遅い, 後期の ②最近の ③《the －》故～ 副①遅れて, 遅く ②最近まで, 以前

□ **lately** 副近ごろ, 最近

□ **later** 形もっと遅い, もっと後の 副後で, 後ほど **moments later** 少し経って

□ **Laurence** 名ローレンス《人名》

□ **law** 名①法, 法律 ②弁護士業, 訴訟

□ **lay** 動①置く, 横たえる, 敷く ②整える ③卵を産む ④lie (横たわる)の過去

□ **learn** 動学ぶ, 習う, 教わる, 知識 [経験]を得る

□ **leave** 動①出発する, 去る ②残す, 置き忘れる ③(～を…の)ままにしておく ④ゆだねる **leave for** ～に向かって出発する **leave ～ alone** ～をそっとしておく **leave ～ for** … …を～のために残しておく 名①休暇 ②許可 ③別れ

□ **left** 動leave (去る, ～をあとに残す)の過去, 過去分詞

□ **let** 動(人に～)させる, (～するのを)許す, (～をある状態に)する **let us** どうか私たちに～させてください

□ **let's** 略～しよう(＝ let us)

□ **letter** 名①手紙 ②文字 ③文学, 文筆業

□ **lie** 動①うそをつく ②横たわる, 寝る ③(ある状態に)ある, 存在する 名うそ, 詐欺

□ **like** 動好む, 好きである **would like to** ～したいと思う 前～に似ている, ～のような **feel like** ～し

たい気がする, ～のような感じがする 形似ている, ～のような 接あたかも～のように 名①好きなもの ②《the [one's] -》同じようなもの [人]

☐ **lip** 名唇,《-s》口

☐ **listen** 動《- to ～》～を聞く, ～に耳を傾ける

☐ **live** 動住む, 暮らす, 生きている 形①生きている, 生きた ②ライブの, 実況の

☐ **long** 形①長い, 長期の ②《長さ・距離・時間などを示す語句を伴って》～の長さ [距離・時間] の 副長い間, ずっと 名長い期間 動切望する, 思い焦がれる

☐ **look** 動①見る ②（～に）見える, （～の）顔つきをする ③注意する ④《間投詞のように》ほら, ねえ look down at ～に目 [視線] を落とす 名①一見, 目つき ②外観, 外見, 様子

☐ **lord** 名首長, 主人, 領主, 貴族, 上院議員

☐ **lot** 名たくさん, たいへん,《a - of ～ / -s of ～》たくさんの～

☐ **love** 名愛, 愛情, 思いやり in love《be - 》恋して, 心を寄せて 動愛する, 恋する, 大好きである

☐ **lover** 名①愛人, 恋人 ②愛好者

☐ **lying** 動lie(うそをつく・横たわる) の現在分詞 形①うそをつく, 虚偽の ②横になっている 名①うそをつくこと, 虚言, 虚偽 ②横たわること

M

☐ **made** 動make (作る)の過去, 過去分詞 形作った, 作られた

☐ **make** 動①作る, 得る ②行う, （～に）なる ③（～を…に）する, （～を…）させる **make a face at** ～に嫌な顔をする **make a plan** 計画を立てる **make noise** 音を立てる **make peace** 和解する **make someone feel better** （人）の気分を和らげる

☐ **maker** 名作る人, メーカー

☐ **making** 動make (作る)の現在分詞 名制作, 製造

☐ **man** 名男性, 人, 人類

☐ **Mantua** 名マンチュア《地名》

☐ **many** 形多数の, たくさんの 代多数 (の人・物)

☐ **marriage** 名①結婚 (生活・式) ②結合, 融合, (吸収)合併

☐ **married** 動marry (結婚する)の過去, 過去分詞 形結婚した, 既婚の

☐ **marry** 動結婚する

☐ **mask** 名面, マスク 動マスクをつける

☐ **may** 助①～かもしれない ②～してもよい, ～できる **May I ～?** ～してもよいですか。 名《M-》5月

☐ **me** 代私を [に] **Please be kind to me** … どうぞ (よろしく) ～してください

☐ **meanwhile** 副それまでの間, 一方では

☐ **medicine** 名①薬 ②医学, 内科

take a medicine 薬を飲む

- □ **meet** 動 ①会う, 知り合いになる ②合流する, 交わる ③(条件などに)達する, 合う **meet with** ～に出会う

- □ **member** 名 一員, メンバー

- □ **men** 名 man (男性)の複数

- □ **Mercutio** 名 マーキューシオ《人名》

- □ **message** 名 伝言, (作品などに込められた)メッセージ 動 メッセージで送る, 伝える

- □ **met** 動 meet (会う)の過去, 過去分詞

- □ **mistake** 名 〔判断・思考などの〕ミス, 誤り, 思い違い, 誤解

- □ **moment** 名 ①瞬間, ちょっとの間 ②(特定の)時, 時期 **moments later** 少し経って

- □ **Montague** 名 モンタギュー, モンタギュー家

- □ **morning** 名 朝, 午前

- □ **most** 形 ①最も多い ②たいていの, 大部分の 代 ①大部分, ほとんど ②最多数, 最大限 副 最も(多く)

- □ **mother** 名 母, 母親

- □ **mouth** 名 ①口 ②言葉, 発言 through word of mouth 口づてで

- □ **move** 動 ①動く, 動かす ②感動させる ③引っ越す, 移動する 名 ①動き, 運動 ②転居, 移動

- □ **must** 助 ①～しなければならない ②～に違いない 名 絶対に必要なこと[もの]

- □ **my** 代 私の

N

- □ **name** 名 ①名前 ②名声 ③《-s》悪口 動 ①名前をつける ②名指しする

- □ **near** 前 ～の近くに, ～のそばに 形 近い, 親しい 副 近くに, 親密で

- □ **need** 動 (～を)必要とする, 必要である 助 ～する必要がある 名 ①必要(性), 《-s》必要なもの ②まさかの時

- □ **news** 名 報道, ニュース, 便り, 知らせ

- □ **next** 形 ①次の, 翌～ ②隣の next to ～のとなりに, ～の次に 副 ①次に ②隣に 代 次の人[もの]

- □ **night** 名 夜, 晩 the night before 前の晩

- □ **nine** 名 9(の数字), 9人[個] 形 9の, 9人[個]の

- □ **no** 副 ①いいえ, いや ②少しも～ない 形 ～がない, 少しも～ない, ～どころでない, ～禁止 have no choice 〔～する以外に〕選択の余地がない, 仕方ない 名 否定, 拒否

- □ **noise** 名 騒音, 騒ぎ, 物音 make noise 音を立てる

- □ **none** 代 (～の)何も[誰も・少しも]…ない

- □ **not** 副 ～でない, ～しない

- □ **notice** 名 ①注意 ②通知 ③公告 動 ①気づく, 認める ②通告する

- □ **now** 副 ①今(では), 現在 ②今すぐに ③では, さて 名 今, 現在 形 今の, 現在の

- □ **nurse** 名 ①看護師[人] ②乳母

動①看病する ②あやす

O

□ **o'clock** 副 ～時

□ **of** 前 ①《所有・所属・部分》～の, ～に属する ②《性質・特徴・材料》～の, ～製の ③《部分》～のうち ④《分離・除去》～から

□ **oh** 間 ああ, おや, まあ

□ **old** 形 ①年取った, 老いた ②～歳の ③古い, 昔の 名 昔, 老人

□ **on** 前 ①《場所・接触》～(の上) に ②《日・時》～に, ～と同時に, ～のすぐ後で ③《関係・従事》～に関して, ～について, ～して **put on** ①～を身につける, 着る ②～を…の上に置く 副 ①身につけて, 上に ②前へ, 続けて

□ **once** 副 ①一度, 1回 ②かつて 名 一度, 1回 接 いったん～すると

□ **one** 名 1(の数字), 1人[個] 形 ①1の, 1人[個]の ②ある～ ③《the－》唯一の **one day** (過去の)ある日, (未来の)いつか **one last time** 最後にもう一度 代 ①(一般の)人, ある物 ②一方, 片方 ③～なもの

□ **only** 形 唯一の 副 ①単に, ～にすぎない, ただ～だけ ②やっと 接 ただし, だがしかし

□ **onto** 前 ～の上へ[に] **fall onto** ～に落ちる

□ **open** 形 ①開いた, 広々とした ②公開された 動 ①開く, 始まる ②広がる, 広げる ③打ち明ける

□ **or** 接 ①～か…, または ②さもないと ③すなわち, 言い換えると **or**

die trying 何がなんでも

□ **order** 名 ①順序 ②整理, 整頓 ③命令, 注文(品) 動 ①(～するよう)命じる, 注文する ②整頓する, 整理する

□ **our** 代 私たちの

□ **out** 副 ①外へ[に], 不在で, 離れて ②世に出て ③消えて ④すっかり **find out** 明らかにする, 見つけ出す **jump out** 飛び出る **out of** ～から外へ, ～から抜け出して **pick out** えり抜く, 選び出す **pull out** 引き抜く, 引き出す, 取り出す **take out** 取り出す, 連れ出す, 持って帰る 形 ①外の, 遠く離れた ②公表された 前 ～から外へ[に] 動 ①追い出す ②露見する

□ **over** 前 ①～の上の[に], ～を一面に覆って ②～を越えて, ～以上に, ～よりまさって ③～の向こう側の[に] ④～の間 **cry over** ～を嘆く **have power over** ～を思いのままに操る力を持っている **jump over** ～の上を飛び越える 副 上に, 一面に, ずっと 形 ①上部の, 上位の, 過多の ②終わって, すんで

P

□ **Paris** 名 パリス《人名》

□ **part** 名 ①部分, 割合 ②役目 動 分ける, 分かれる, 別れる

□ **party** 名 ①パーティー, 会, 集まり ②派, 一行, 隊, 一味

□ **peace** 名 ①平和, 和解, 《the－》治安 ②平穏, 静けさ **in peace** 平和のうちに, 安心して **make peace** 和解する **rest in peace** 安らかに眠る

□ **people** 名①(一般に)人々 ②民衆, 世界の人々, 国民, 民族 ③人間

□ **pick** 動①(花・果実などを)摘む, もぐ ②選ぶ, 精選する ③つつく, つついて穴をあける, ほじくり出す ④(～を)摘み取る **pick out** えり抜く, 選び出す 名①《the –》精選したもの ②選択(権) ③つつくもの, つるはし

□ **plan** 名計画, 設計(図), 案 **make a plan** 計画を立てる 動計画する

□ **please** 動喜ばす, 満足させる 間どうぞ, お願いします **Please be kind to me** … どうぞ(よろしく) ～してください

□ **pleased** 動 please (喜ばす)の過去, 過去分詞 形喜んだ, 気に入った

□ **plunge** 動①飛び込む, 突入する ②(ある状態に)陥れる 名突入, 突進

□ **poison** 名①毒, 毒薬 ②害になるもの 動毒を盛る, 毒する

□ **poor** 形①貧しい, 乏しい, 粗末な, 貧弱な ②劣った, へたな ③不幸な, 哀れな, 気の毒な

□ **power** 名力, 能力, 才能, 勢力, 権力 **have power over** ～を思いのままに操る力を持っている

□ **pray** 動祈る, 懇願する

□ **prepare** 動①準備[用意]をする ②覚悟する[させる] **prepare for** ～の準備をする

□ **priest** 名聖職者, 牧師, 僧侶

□ **prince** 名王子, プリンス

□ **promise** 名①約束 ②有望 動①約束する ②見込みがある

□ **protect** 動保護する, 防ぐ

□ **pull** 動①引く, 引っ張る ②引きつける **pull out** 引き抜く, 引き出す, 取り出す 名①引くこと ②縁故, こね

□ **put** 動①置く, のせる ②入れる, つける ③(ある状態に)する ④put の過去, 過去分詞 **put away** 片づける, 取っておく **put on** ①～を身につける, 着る ②～を…の上に置く

Q

□ **quickly** 副敏速に, 急いで

R

□ **ran** 動 run (走る)の過去

□ **rather** 副①むしろ, かえって ②かなり, いくぶん, やや ③それどころか逆に **would rather** ～する方がよい, むしろ～したい

□ **ready** 形用意[準備]ができた, まさに～しようとする, 今にも～せんばかりの **ready for**《be –》準備が整って 動用意[準備]する

□ **realize** 動理解する, 実現する

□ **really** 副本当に, 実際に, 確かに

□ **reason** 名①理由 ②理性, 道理 動①推論する ②説き伏せる

□ **refuse** 動拒絶する, 断る 名くず, 廃物

□ **remember** 動思い出す, 覚えている, 忘れないでいる

□ **rest** 名①休息 ②安静 ③休止, 停止 ④《the –》残り 動①休む,

眠る ②休止する, 静止する
③(〜に)基づいている ④(〜の)ままである **rest in peace** 安らかに眠る

- □ **return** 動帰る, 戻る, 返す
名①帰還, 返却 ②返答, 報告(書), 申告 形①帰りの, 往復の ②お返しの

- □ **revenge** 名復讐 動復讐する

- □ **ring** 名輪, 円形, 指輪

- □ **Romeo** 名ロミオ《人名》

- □ **room** 名①部屋 ②空間, 余地

- □ **rope** 名綱, なわ, ロープ 動なわで縛る

- □ **run** 動走る, 駆ける, 大急ぎで逃げる

S

- □ **sad** 形①悲しい, 悲しげな ②惨めな, 不運な

- □ **sadder** 形 sad (悲しい)の比較級

- □ **safe** 形①安全な, 危険のない ②用心深い, 慎重な

- □ **said** 動 say (言う)の過去, 過去分詞

- □ **Sampson** 名サンプソン《人名》

- □ **saw** 動①see (見る)の過去 ②のこぎりで切る, のこぎりを使う 名のこぎり

- □ **say** 動言う, 口に出す **do as someone says** (人)の言うとおりにする **say goodbye to** 〜にさよならと言う 名言うこと, 言い分 間さあ, まあ

- □ **saying** 動 say (言う)の現在分詞

名ことわざ, 格言, 発言

- □ **see** 動①見る, 見える, 見物する ②(〜と)わかる, 認識する, 経験する ③会う ④考える, 確かめる, 調べる ⑤気をつける

- □ **servant** 名①召使, 使用人, しもべ ②公務員, (公共事業の)従業員

- □ **several** 形①いくつかの ②めいめいの 代いくつかのもの, 数人, 数個

- □ **she** 代彼女は[が]

- □ **shock** 動〔〜に〕ショックを与える, 〔〜を〕ひどくびっくりさせる

- □ **shop** 名①店, 小売り店 ②仕事場 動買い物をする

- □ **should** 助〜すべきである, 〜したほうがよい

- □ **show** 動①見せる, 示す, 見える ②明らかにする, 教える ③案内する 名①表示, 見世物, ショー ②外見, 様子

- □ **side** 名側, 横, そば, 斜面 形①側面の, 横の ②副次的な 動(〜の)側につく, 賛成する

- □ **sign** 名①きざし, 徴候 ②跡 ③記号 ④身振り, 合図, 看板 **as a sign of** 〜の印として 動①署名する, サインする ②合図する

- □ **sink** 動沈む, 沈める, 落ち込む 名(台所の)流し

- □ **situation** 名①場所, 位置 ②状況, 境遇, 立場

- □ **sleep** 動眠る, 活動しない

- □ **so** 副①とても ②同様に, 〜もまた ③《先行する句・節の代用》そのように, そう **so 〜 that** … 非常に〜なので… 接①だから, それで

②では, さて **so that** ～するために, それで, ～できるように

□ **soft** 形 ①柔らかい, 手ざわり [口あたり] のよい ②温和な, 落ち着いた ③ (処分などが) 厳しくない, 手ぬるい, 甘い

□ **softly** 副 柔らかに, 優しく, そっと

□ **some** 形 ①いくつかの, 多少の ②ある, 誰か, 何か 副 約, およそ 代 ①いくつか ②ある人 [物] たち

□ **someone** 代 ある人, 誰か **ask someone for advice** (人) にアドバイスを求める **do as someone says** (人) の言うとおりにする **grant someone's wish** (人) の望みをかなえる **if someone ever do** (人) が～することがあれば **make someone feel better** (人) の気分を和らげる

□ **son** 名 息子, 子弟, ～の子

□ **soon** 副 まもなく, すぐに, すみやかに

□ **sorry** 形 気の毒に [申し訳なく] 思う, 残念な

□ **sound** 名 音, 騒音, 響き, サウンド 動 ①音がする, 鳴る ② (～のように) 思われる, (～と) 聞こえる 形 ①健全な ②妥当な ③ (睡眠が) ぐっすりの 副 (睡眠を) ぐっすりと, 十分に

□ **speak** 動 話す, 言う, 演説する **speak to** ～と話す

□ **spend** 動 ① (金などを) 使う, 消費 [浪費] する ② (時を) 過ごす

□ **spoke** 動 speak (話す) の過去

□ **spread** 動 ①広がる, 広げる, 伸びる, 伸ばす ②塗る, まく, 散布する 名 広がり, 拡大

□ **square** 名 正方形, 四角い広場, (市外の) 一区画 形 ①正方形の, 四角な, 直角な, 角ばった ②平方の

□ **stab** 動 (突き) 刺す

□ **stabbed** 動 stab (刺す) の過去, 過去分詞

□ **stand** 動 ①立つ, 立たせる, 立っている, ある ②耐える, 立ち向かう 名 ①台, 屋台, スタンド ②《the -s》観覧席 ③立つこと

□ **start** 動 ①出発する, 始まる, 始める ②生じる, 生じさせる **start to do** ～し始める 名 出発, 開始

□ **statue** 名 像

□ **still** 副 ①まだ, 今でも ②それでも (なお) 形 静止した, 静かな

□ **stomach** 名 ①胃, 腹 ②食欲, 欲望, 好み

□ **stop** 動 ①やめる, やめさせる, 止める, 止まる ②立ち止まる **stop doing** ～するのをやめる 名 ①停止 ②停留所, 駅

□ **story** 名 ①物語, 話 ② (建物の) 階

□ **straight** 形 ①一直線の, まっすぐな, 直立 [垂直] の ②率直な, 整然とした 副 ①一直線に, まっすぐに, 垂直に ②率直に 名 一直線, ストレート

□ **street** 名 ①街路 ②《S-》～通り

□ **strong** 形 ①強い, 堅固な, 強烈な ②濃い ③得意な 副 強く, 猛烈に

□ **sun** 名 《the -》太陽, 日

□ **suppose** 動①仮定する, 推測する ②《be -d to ~》~することになっている, ~するはずである

□ **surprise** 動〔~を〕驚かす, あっと言わせる surprised at《be –》~に驚く

□ **sword** 名①剣, 刀 ②武力

T

□ **take** 動①取る, 持つ ②持って [連れて]いく, 捕らえる ③乗る ④(時間・労力を)費やす, 必要とする ⑤(ある動作を)する ⑥飲む ⑦耐える, 受け入れる take a medicine 薬を飲む take action 行動を起こす take out 取り出す, 連れ出す, 持って帰る take ~ to … ~を…に連れて行く 名①取得 ②捕獲

□ **tale** 名①話, 物語 ②うわさ, 悪口

□ **talk** 動話す, 語る, 相談する 名①話, おしゃべり ②演説 ③《the –》話題

□ **tear** 名①涙 ②裂け目 動裂く, 破る, 引き離す

□ **tell** 動①話す, 言う, 語る ②教える, 知らせる, 伝える ③わかる, 見分ける tell oneself to ~ ~するよう自分に言い聞かせる tell ~ to … ~に…するように言う

□ **terrible** 形恐ろしい, ひどい, ものすごい, つらい

□ **than** 接~よりも, ~以上に worse than death 死ぬことよりもむごい

□ **thank** 動感謝する, 礼を言う 名

《-s》感謝, 謝意

□ **that** 形その, あの at that time その時 代①それ, あれ, その[あの] 人[物] ②《関係代名詞》~である… 接~ということ, ~なので, ~だから so that ~するために, それで, ~できるように so ~ that … 非常に~なので… 副そんなに, それほど

□ **the** 冠①その, あの ②《形容詞の前で》~な人々 in the world 世界で the night before 前の晩 副《 – ＋比較級, – ＋比較級》~すればするほど…

□ **their** 代彼(女)らの, それらの

□ **them** 代彼(女)らを[に], それらを[に]

□ **then** 副その時(に・は), それから, 次に just then ちょうどその時, そのとたんに well then それでは 名その時 形その当時の

□ **there** 副①そこに[で・の], そこへ, あそこへ ②《 – is [are] ~》~がある[いる] 名そこ

□ **they** 代①彼(女)らは[が], それらは[が] ②(一般の)人々は[が]

□ **think** 動思う, 考える

□ **thinking** 動 think (思う)の現在分詞 名考えること, 思考 形思考力のある, 考える

□ **this** 形①この, こちらの, これを ②今の, 現在の 代①これ, この人[物] ②今, ここ at this これを見て, そこで(すぐに)

□ **those** 形それらの, あれらの 代それら[あれら]の人[物]

□ **though** 接①~にもかかわらず,

〜だが ②たとえ〜でも **even though** 〜であるけれども 副 しかし

□ **thought** 動 think (思う) の過去, 過去分詞 名 考え, 意見

□ **three** 名 3 (の数字), 3人 [個] 形 3の, 3人 [個] の

□ **through** 前 〜を通して, 〜中を [に], 〜中 **through word of mouth** 口づてで 副 ①通して ②終わりまで, まったく, すっかり

□ **throw** 動 投げる, 浴びせる, ひっかける **throw away** 〜を捨てる 名 投げること, 投球

□ **Thursday** 名 木曜日

□ **time** 名 ①時, 時間, 歳月 ②時期 ③期間 ④時代 ⑤回, 倍 **at that time** その時 **one last time** 最後にもう一度 **with time** 時が経つにつれて 動 時刻を決める, 時間を計る

□ **to** 前 ①《方向・変化》〜へ, 〜に, 〜の方へ ②《程度・時間》〜まで ③《適合・付加・所属》〜に ④《－＋動詞の原形》〜するために [の], 〜する, 〜すること

□ **today** 名 今日 副 今日 (で) は

□ **together** 副 ①一緒に, ともに ②同時に

□ **told** 動 tell (話す) の過去, 過去分詞

□ **tomb** 名 墓穴, 墓石, 納骨堂

□ **tomorrow** 名 明日 副 明日は

□ **too** 副 ①〜も (また) ②あまりに 〜すぎる, とても〜

□ **took** 動 take (取る) の過去

□ **toward** 前 ①《運動の方向・位置》〜の方へ, 〜に向かって ②《目的》〜のために

□ **town** 名 町, 都会, 都市

□ **townspeople** 名 街の住人, 市民, 町民

□ **tried** 動 try (試みる) の過去, 過去分詞 形 試験済みの, 信頼できる

□ **trust** 動 信用 [信頼] する, 委託する 名 信用, 信頼, 委託

□ **try** 動 試す, やってみる, 試みる **try to** 〜しようとする **or die trying** 何がなんでも

□ **turn** 動 ①ひっくり返す, 回転する [させる], 曲がる, 曲げる, 向かう, 向ける ②(〜に) なる, (〜に) 変える **turn to** 〜の方を向く, 〜に頼る 名 ①回転, 曲がり ②順番 ③変化, 転換

□ **two** 名 2 (の数字), 2人 [個] 形 2の, 2人 [個] の

□ **Tybalt** 名 ティボルト《人名》

U

□ **up** 副 ①上へ, 上がって, 北へ ②立って, 近づいて ③向上して, 増して **come up** 近づいてくる, 浮上する **go up to** 〜まで行く, 近づく **wake up** 起きる, 目を覚ます 前 ①〜の上 (の方) へ, 高い方へ ②(道) に沿って 形 上向きの, 上りの 名 上昇, 向上, 値上がり

□ **upset** 形 憤慨して, 動揺して 動 気を悪くさせる, (心・神経など) をかき乱す

□ **us** 代 私たちを [に] **let us** どうか 私たちに〜させてください

A B C D E F G H I J K L M N O P Q R S **T U** V W X Y Z

V

- □ **Verona** 名ヴェローナ《地名》
- □ **very** 副とても, 非常に, まったく 形本当の, きわめて, まさしくその
- □ **visit** 動訪問する 名訪問
- □ **voice** 名①声, 音声 ②意見, 発言権 動声に出す, 言い表す

W

- □ **wait** 動①待つ,《 – for ~》 ~を待つ ②延ばす, 延ばせる, 遅らせる ③《 – on [upon] ~》 ~に仕える, 給仕をする **wait for** ~を待つ
- □ **waiting** 動wait (待つ) の現在分詞 名待機, 給仕すること 形待っている, 仕えている
- □ **wake** 動①目がさめる, 起きる, 起こす ②奮起する **wake up** 起きる, 目を覚ます
- □ **walk** 動歩く, 歩かせる, 散歩する **walk away** 立ち去る, 遠ざかる **walk into** ~に足を踏み入れる 名歩くこと, 散歩
- □ **walking** 動walk (歩く) の現在分詞 名歩行, 歩くこと 形徒歩の, 歩行用の
- □ **want** 動ほしい, 望む, ~したい, ~してほしい 名欠乏, 不足
- □ **was** 動《beの第1・第3人称単数現在am, isの過去》 ~であった, (~に) いた [あった]
- □ **watch** 動①じっと見る, 見物する ②注意 [用心] する, 監視する 名①警戒, 見張り ②腕時計
- □ **we** 代私たちは [が]

- □ **wear** 動①着る, 着ている, 身につける ②疲れる, 消耗する, すり切れる 名①着用 ②衣類
- □ **wedding** 動wed (結婚させる) の現在分詞 名結婚式, 婚礼
- □ **well** 副①うまく, 上手に ②十分に, よく, かなり **A as well as B** AもBも **well then** それでは 間へえ, まあ, ええと 形健康な, 適当な, 申し分ない
- □ **went** 動go (行く) の過去
- □ **were** 動《beの2人称単数・複数の過去》 ~であった, (~に) いた [あった]
- □ **what** 代①何が [を・に] ②《関係代名詞》 ~するところのもの [こと] 形①何の, どんな ②なんと ③~するだけの 副いかに, どれほど
- □ **when** 副①いつ ②《関係副詞》 ~するところの, ~するとその時, ~するとき 接~の時, ~するとき 代いつ
- □ **where** 副①どこに [で] ②《関係副詞》 ~するところの, そしてそこで, ~するところ 接~なところに [へ], ~するところに [へ] 代①どこ, どの点 ②~するところの
- □ **while** 接①~の間 (に), ~する間 (に) ②一方, ~なのに 名しばらくの間, 一定の時
- □ **who** 代①誰が [は], どの人 ②《関係代名詞》 ~するところの (人)
- □ **why** 副①なぜ, どうして ②《関係副詞》 ~するところの (理由) 間①おや, まあ ②もちろん, なんだって ③ええと
- □ **wife** 名妻, 夫人

□ **wild** 形 ①野生の ②荒涼として ③荒っぽい ④奇抜な **wild idea**《a – 》突拍子もないアイデア

□ **will** 助 ～だろう, ～しよう, する (つもりだ) **Will you ～?** ～してく れませんか。 名決意, 意図

□ **window** 名窓, 窓ガラス

□ **wise** 形賢明な, 聡明な, 博学の

□ **wish** 動望む, 願う, (～であれば よいと) 思う 名 (心からの) 願い **grant someone's wish** (人) の望 みをかなえる

□ **with** 前 ①《同伴・付随・所属》 ～と一緒に, ～を身につけて, ～と ともに ②《様態》～ (の状態) で, ～して ③《手段・道具》～で, ～を 使って **with time** 時が経つにつれ て

□ **woke** 動 wake (目が覚める) の過 去

□ **woman** 名 (成人した) 女性, 婦 人

□ **women** 名 woman (女性) の複 数

□ **word** 名 ①語, 単語 ②ひと言 ③《one's – 》約束 **through word of mouth** 口づてで

□ **world** 名《the – 》世界, ～界 **in the world** 世界で

□ **worry** 動悩む, 悩ませる, 心配す る [させる] 名苦労, 心配

□ **worse** 形いっそう悪い, より劣っ た, よりひどい **worse than death** 死ぬことよりもむごい 副いっそう 悪く

□ **would** 助《will の過去》①～する だろう, ～するつもりだ ②～したも のだ **would like to** ～したいと思 う **would rather** ～する方がよい, むしろ～したい

□ **write** 動書く, 手紙を書く **write to** ～に手紙を書く

Y

□ **year** 名 ①年, 1 年 ②学年, 年度 ③～歳

□ **yes** 副はい, そうです 名肯定の 言葉 [返事]

□ **yet** 副 ①《否定文で》まだ～ (ない [しない]) ②《疑問文で》もう ③《肯定文で》まだ, 今もなお 接そ れにもかかわらず, しかし, けれども

□ **you** 代 ①あなた (方) は [が], あ なた (方) を [に] ②(一般に) 人は **Will you ～?** ～してくれませんか。

□ **young** 形若い, 幼い, 青年の

□ **your** 代あなた (方) の

□ **yours** 代あなた (方) のもの

A
B
C
D
E
F
G
H
I
J
K
L
M
N
O
P
Q
R
S
T
U
V
W
X
Y
Z

English **C**onversational **A**bility **T**est
国際英語会話能力検定

● E-CATとは…
英語が話せるようになるための
テストです。インターネット
ベースで、30分であなたの発
話力をチェックします。

www.ecatexam.com

● iTEP®とは…
世界各国の企業、政府機関、アメリカの大学
300校以上が、英語能力判定テストとして採用。
オンラインによる90分のテストで文法、リー
ディング、リスニング、ライティング、スピー
キングの5技能をスコア化。iTEP®は、留学、就
職、海外赴任などに必要な、世界に通用する英
語力を総合的に評価する画期的なテストです。

www.itepexamjapan.com

ステップラダー・シリーズ

ロミオとジュリエット

2021年12月4日　第1刷発行

原著者　　ウィリアム・シェイクスピア

リライト　アンドリュー・ロビンス

発行者　　浦　　晋亮

発行所　　**IBCパブリッシング株式会社**
　　　　　〒162-0804 東京都新宿区中里町29番3号 菱秀神楽坂ビル9F
　　　　　Tel. 03-3513-4511　Fax. 03-3513-4512
　　　　　www.ibcpub.co.jp

印　　刷　株式会社シナノパブリッシングプレス
装　　幀　久保頼三郎
ナレーション　ケイティ・アドラー
録音スタジオ　株式会社巧芸創作
イラスト　サード大沼

© IBC Publishing, Inc. 2021
Printed in Japan

ISBN978-4-7946-0688-4